KB147831

# 플랫폼 스타트업

스타트업 : 혁신적인 기술과 아이디어를 갖추고
저비용, 고효율의 창업을 추구하는 새로운 기업형태.


'플랫폼(platform)'이라는 단어는 학계와 경제 분야, 산업계에 걸쳐 최근 유행처럼 번진 키워드다. 그러나 대부분 서적에서는 플랫폼의 개념이 어렵게 설명되어 있어 단어의 뜻은 대충 이해해도 그 정의에 대해 정확하게 알고있는 사람이 많지 않다. 이 책에서는 21세기 최대의 키워드인 '플랫폼'에 대해 가능한 한 쉽게 설명할 것이며, 플랫폼이라는 모든 경제 분야에 적용가능한 단어가 기업가정신과 결합하여 '플랫폼 스타트업'을 보다 쉽게 시작할 수 있도록 장려하기 위하여 글을 쓰게 되었다.

2018년 현재, 국내 경제성장률은 2.8%[1]에 미치지 못하고 있으며, 청년실업률은 9.9%[2]로 역대 최고인 실업자 100만 명에 육박하고 있다. 그리고 명퇴[3], 조퇴[4]가 만연한 불안한 사회에 살고 있다. 그러나

---

1) 2018년 한국금융연구원 발표자료
2) 2017년 통계청 발표자료
3) '명예퇴직'의 준말
4) '조기퇴직'의 준말

언제까지 세상을 탓하기만 하며 귀중한 시간을 헛되이 보낼 것인가?

여러분에게는 무한한 가능성을 갖고 있는 '플랫폼 스타트업'이란 창업형태가 있다. 당신의 인생을 송두리째 저당 잡힌 거대한 기계의 톱니바퀴에서 탈피하여 밝고 희망찬 미래를 개척할 수 있다. 고달픈 월급쟁이로는 평생 부자가 될 수 없다. 미래가 보장되지 않는, 조직의 부품 같은 직장생활은 당신의 인생은 녹슬게 하고 세월만 흘려보낸다. "오늘은 어제 죽은 이가 그토록 갈망하던 내일이 바로 오늘이다."라는 말이 있지 않은가. 한번 지나간 오늘은 다시 찾아오지 않는다.

진정한 당신을 찾아라, 진정 당신이 하고 싶은 것이 무엇인가 고민하고 항상 깨어있어라. 당신이 가장 관심 있고 흥미로운 것, 가장 하고 싶은 일을 찾아 아이디어를 구상해보라. 한 살이라도 젊을 때 부자가 되어야 한다. 나이 들어 경제적인 부를 이루면 할 수 있는 게 별로 없다. 젊은 나이에 부를 이루어야 스포츠카를 타고 드라이브를 해도 마냥 좋을 것이며, 해외여행을 해도 젊을 때 다녀야 부족함 없이 즐길 것이 아닌가. 당신의 열정은 플랫폼 스타트업을 성공으로 이끌어줄 것이며 경제적인 부를 이루게 할 것이다.

현재도 플랫폼은 전 세계적으로 모든 산업분야에 적용되어 운영되고 있고 천문학적인 수익을 창출하며 존재하고 있다. 또한 플랫폼이라는 산업분야는 아직까지 진입장벽이 낮지 않기 때문에 여러분에게는 무한한 가능성이 있으며, 강력한 기업가 정신을 무장하고 톡톡 튀는 아이디어만 있다면 얼마든지 매력있는 플랫폼 비즈니스를 시작할 수 있다. 플랫폼 스타트업을 하기 위해선 학위도 필요없으며, 각종 자격

증이나 스펙도 필요없다. 제일 중요한 것은 여러분이 고정관념에서 벗어나는 것이다. 세상은 바뀌고 있으며 바야흐로 3차 산업에서 4차 산업으로 가는 길목에 있다. 3차 산업 마인드를 갖고 있다면 4차 산업에 쉬이 편승할 수는 없을 것이다.

플랫폼의 개념을 잘 정립하여 정말 하고 싶은 것을 찾아 연구하다 보면 아이디어는 얼마든지 발견할 수 있다. 아이디어에 따라서는 국내는 물론 전 세계적으로 운영될 수 있는 플랫폼을 구성할 수도 있다. 제 2의 애플, 구글, 아마존, 페이스북, 알리바바, 타오바오, 에어비앤비, 우버 등 얼마든지 창업가능한 인프라가 이미 갖춰져 있다. 당신의 뜨거운 열정과 간절함만이 요구될 뿐이다.


플랫폼 사업은 흙수저가 금수저로 살 수 있게 하는 방법 중 하나이다. 세상은 빠르게 변화하고 있고 여러분은 시대의 흐름을 잘 캐치하고 자신만의 역할을 찾아야 할 것이다. 빛내서 학위를 따고 어렵게 스펙을 쌓아 대기업이라는 거대한 기계의 톱니바퀴가 되어 수동적인 삶의 자세로 인생을 살다보면 나이가 들어 자기 자신은 없어지고 남을 위해 삶을 살았다고 후회하게 될 것이다. 오랫동안 길들여진, 열심히 공부하여 좋은 대학가서 좋은 스펙을 쌓고 좋은 대기업에 취직해야 한다는 고정관념을 하루빨리 탈피하여 자신의 가치를 발견하고 나날이 발전하는 경제시장에 올라타야 한다.

세계적인 명강사이며 갑부인 브라이언 트레이시는 "목표가 없는 사람은 목표가 있는 사람을 위해 평생토록 일해야만 하는 종신형에 처해있다."고 하였다.

# | 차례 |

# 2부
# 플랫폼 파헤치기 ·································· 25

# 3부
# 플랫폼 스타트업 ·············· 205

# 1부

___

## 플랫폼 이해하기

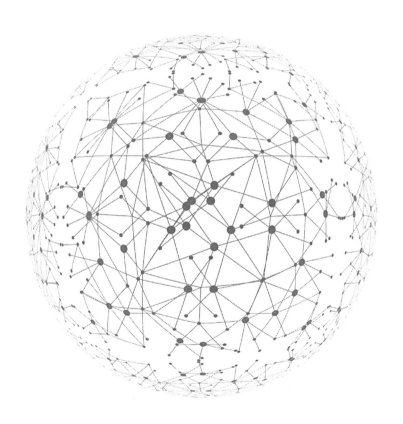

플랫폼(platform)이란 단어는 사전적 의미로는 '역에서 기차를 타고 내리는 곳'으로 정의되고 있다. 그러나 요즘 비즈니스 세계에서는 조금 다른 의미로 사용되고 있다.

먼저 오프라인에서의 플랫폼으로서의 예를 들면, 부동산임대업을 찾을 수 있다. 부동산임대업은 건물(상품), 임대인(판매자), 임차인(구매자) 3자 구도를 이루고 있다. 건물을 소유한 임대인이 임차인에게 일정기간 건물을 사용토록 하고 사용료를 월별로 지불받는 방식이다. 이로써 임대인은 일정한 노동을 하지 않고 임대수익을 얻을 수 있다.

온라인에서 플랫폼의 예를 찾자면, 오픈마켓(옥션, G마켓, 11번가, 쿠팡, 티몬 등)을 들 수 있다. 오픈마켓은 재화를 온라인으로 사고 팔수 있게 하는 솔루션(온라인상의 거래사이트)을 개설하여 판매자 모집하고 오픈마켓상의 판매자와 구매자 간의 거래 중개를 통한 수수료 및 광고수익을 주된 수익모델로 하고 있다.

플랫폼을 오프라인과 온라인 두 분야로 나누어 간단하게 예시를 들어 설명을 하였다. 이러한 플랫폼이 중요시되는 가장 큰 이유는 어떠한 상품이나 서비스, 콘텐츠에 대하여 다양한 개별사업자(판매자)들의 상품정보를 집합으로 형성함으로써 상호간의 협력적인 가치사슬(value chain)이 형성되어 서로 윈-윈(win-win) 할 수 있게끔 시장을 만들어주고 수익을 낼 수 있으며, 이것이 모두 자동화된 시스템으로 이루어지기 때문이다. 즉, 그동안 단순하게 판매자와 구매자로 나뉘어서 거래가 이루어지는 시장(쇼핑몰, 점포 등)은 플랫폼이라 할 수 없다. 그럼 구체적인 사례를 더 알아가 보도록 하겠다.

# Chapter 1. 오프라인 플랫폼

## 1. 부동산임대

　부동산임대시장은 건물을 소지하고 있는 임대인과 이를 필요로 하는 임차인으로 구성되어있다. 금전적인 여유가 있는 사람이 건물을 소유하여 금전적인 여유가 없는 사람들에게 건물을 임대하는 시스템이다. 누구나 잘 알고 있는 시스템인데 이것을 이야기하는 이유는 현재에도 이러한 플랫폼을 이용하여 수익을 얻는 부동산을 소유하자는 것이 아니다. 이는 플랫폼의 개념을 이해하기 가장 쉬운 시스템이므로 예를 든 것이다. 수많은 창업방법 중에 플랫폼 비즈니스를 선택하는 목적은 '최소의 비용으로 최대의 효과'를 이룰 수 있는 이상적인 수익 시스템을 구축하는데 의의가 있다.

## 2. 백화점

백화점도 마찬가지로 부동산임대에 속하기는 하지만 구조가 약간 다르다. 먼저 금전적인 여유가 있는 사람이나 회사가 백화점을 짓거나 매입하여 소유하고, 백화점에 입점하여 장사를 하고 싶은 입점자를 모집하는 구조이다. 백화점을 소유한 자는 입점자들로부터 임대료 및 판매수익의 일정비율을 수수료를 받는 수익시스템이다.

백화점 역시 많은 자금을 필요로 하는 오프라인 사업이므로 우리가 얘기하고자 하는 플랫폼 스타트업과는 무관하다. 본격적으로 살펴보아야 할 유형은 다음 챕터에서 자세히 기술하겠다.

# Chapter 2. 온라인 플랫폼

## 1. 오픈마켓

오픈마켓에는 한국의 옥션, G마켓, 11번가 등이 있고, 미국에 eBay, Amazon, 중국에 타오바오, 알리익스프레스, 알리바바, 일본에 라쿠텐, 말레이시아에 라자다 등이 있다.

이들 역시 3자 구도로 운영되는데 백화점과 비교해보면 건물 대신 공통적으로 오픈마켓 솔루션을 보유하고 있다. 결국 오픈마켓은 온라인상에서 오픈마켓 솔루션이라는 백화점을 소유한다는 것이다. 국내 지역에 백화점을 하나 세우려면 비용이 얼마나 들까? 또한 그곳에서 운영수익은 얼마나 나올까? 플랫폼 비즈니스에 관심있는 분들이라면 한번쯤 생각해봐야 할 문제이다. 여러분들은 몇 십억, 몇 백억을 들여 백화점을 소유할 수 있겠는가?

대부분 이러한 오픈마켓에서 구매자나 판매자로서 이용만 했을뿐 이러한 솔루션을 구축하고 운영한다는 것은 생각해보지 못했을 것이다. 여기에는 엄청난 규모의 수익구조가 숨겨져 있으며, 이것을 인지한 eBay는 2001년과 2009년에 걸쳐 옥션(인수금액 1,506억 원)과 G마켓(인수금액 5,500억 원)을 순차적으로 거대한 자금을 주고 인수했다. 2009년 당시에 인수한 옥션과 G마켓의 거래규모는 총 7조 원 가량으로 당시 국내 전체 전자상거래 시장의 37%를 차지했다. 2008년에 이미 국내 백화점의 거래규모를 뛰어넘었다.

옥션을 처음 시작한 CEO는 일반인이었다. 대표 오혁은 1989년 대학을 졸업하고 자동차 시트커버를 판매하던 영업사원이었다. 회사를 그만두고 컴퓨터전문가 6개월 과정을 배워 옥션을 창업했다.

G마켓의 창업자 구영배는 인터파크 사내 벤처인 '구스닥' 팀장으로의 경험을 발판으로 G마켓의 성공을 이뤄냈다.

## 2. 구글 플레이스토어(Google Play)

일반적으로 안드로이드 운영체제 기반 스마트폰을 구입하면 기본적으로 구글과 연결하여 인증을 받고 각종 어플리케이션을 설치해야만 스마트폰을 오롯이 활용할 수 있다.

이를 플랫폼의 개념으로 설명하면 구글 플레이스토어는 시스템제공자가 되는 것이고, 어플리케이션을 제작하여 구글 플레이스토어에 등록하는 사람들은 판매자가 되며, 최종적으로 스마트폰 사용자가 구매자가 되는 것이다. 구글 플레이스토어는 어플을 등록하는 사람들로 하여금 일정의 비용을 받고 등록을 시켜주어 수익을 창출하는 시스템으로 전형적인 온라인 플랫폼이다.

### 3. 부동산중개 솔루션

직방, 다방, 한방. 국내 매스컴에서 광고를 하고 있는 부동산중개 솔루션 플랫폼이다. 기존 오프라인의 부동산중개업소에서 하는 역할을 온라인 공간으로 옮겨 부동산중개업을 하는 플랫폼이다.

미국에는 에어비앤비(airbnb)라는 주거공간 공유플랫폼이 있다. 온라인과 오프라인을 접목한 플랫폼으로 주택을 소유하고 있는 임대인이 해외여행객에게 숙소로 대여해주고 회사는 임대인으로부터 중개수수료를 수취하는 주거공간 공유플랫폼이다.

### 3. 배달 어플리케이션

대표적인 배달 어플리케이션으로 배달의민족, 요기요, 배달통 등이 있다. 음식점을 대신하여 음식점을 홍보하고 결제나 배달을 대행해주면서 수익을 창출하는 시스템이다.


이외에도 종류 및 형태별로 전 세계적으로 무수히 많은 온라인 플랫폼이 생성되고 있다. 다양한 플랫폼 스타트업의 예시 및 분석은 '2부 플랫폼 파헤치기'에서 살펴보도록 하겠다.

# Chapter 3. 플랫폼 스타트업을 해야만 하는 이유

    요즘 한국사회의 뜨거운 감자는 '4차 산업혁명'이다. 기존의 산업구조와 시장의 환경이 급속도로 변화하고 있기 때문이다. 천재바둑기사 이세돌과 알파고의 바둑대결이 화두로 부각되기도 하였다. 로봇이 인간을 대체할 수도 있는 세상으로 변화하고 있는 것이다. 이러한 기술의 혁신은 1, 2, 3차 산업혁명을 차례대로 거치며 사회 및 경제구조에 지대한 영향을 끼쳤다. 앞으로는 개인이 얼마나 신속하고 적절하게 이러한 사회변화에 적응하는지에 따라 개인의 미래경쟁력이 좌지우지될 것이다.

    전례가 없는 방식과 수준으로 변하는 전 산업의 디지털화는 기존의 경제구조를 위협하고 있다. 디지털 경제라는 용어를 가능하게 만든 IT기술, 빅데이터, 인공지능, 전자상거래, 핀테크의 등장은 기존 시장거래구조를 바꿔버렸다. 그동안 우리나라의 산업비중은 기술개발을 통한 대규모산업을 육성하여 조선, 반도체, 디스플레이 등 분야에서 경쟁력을 유지해 왔다. 그러나 이러한 노동·자본집약형 제조업에 의존하는 경제구조모델은 이제 한계에 도달했다.

    휴대폰 제조의 선두기업인 노키아와 모토로라, 가전업계의 선주주자였던 소니, 카메라필름업계의 선두주자 코닥은 시대의 흐름을 제대로 파악하지 못해 몰락의 길로 들어섰다. 앞으로도 이렇게 몰락의 길로 들어서는 기업이 얼마나 더 나타날지 예측하기 어렵다. 몰락의 길로 가지 않기 위해서는 디지털 경제구조로 변화해가고 있는 세계경제질서에 편승하는 전략을 필연적으로 짜야 하는 시점에 온 것이다.

## 1. 왜 플랫폼 비즈니스인가?

1950년 6.25전쟁 이후 우리나라의 경제상황은 박정희 전 대통령 때 '경제개발 5개년 계획'으로 급속하게 성장했고, 그 이후에도 성장을 지속해왔다. 그러나 우리나라는 워낙 자원이 없어 노동력과 기술력에 기반한 산업으로 경제성장을 이루어 왔다고 해도 과언이 아니다. 즉, 주어진 환경이 워낙 좋지 않기 때문에 이만큼 급속성장한 것도 세계경제흐름으로 비추어보아 대단한 것이다. 하지만 언제부터인가 몇 십 년 동안의 경제상황은 제자리를 웃돌다 시피하고 있다. 이는 주어진 산업여건이 한계에 도달했기 때문이다. 이제는 세상의 흐름이 바뀌어 이전처럼 사업을 해서는 삼성, 현대 같은 대기업을 만드는 것이 거의 불가능한 일이다. 그러나 방법이 없는 것만은 아니다. 오히려 지금은 창업할 수 있는 여건이 더 좋아졌다. 기존 경제환경에서는 생각할 수 없었던 인터넷 인프라의 발전 덕분이다. 인터넷 인프라의 발전으로 플랫폼 거대기업들이 탄생할 수 있었다.

이미 많은 신생 거대기업들이 생겨났다. 애플, 아마존, 구글, 에어비앤비, 우버 등이 그러하며 온라인 플랫폼 기업들이 대기업 못지않은 기업가치를 인정받으며 운영되고 있다. 애플의 기업가치 8,010억 달러(한화 898조 7,220억 원), 구글의 기업가치 6,800억 달러(한화 762조 9,600억 원), 아마존의 기업가치 4760억 달러(한화 534조 720억 원)를 보면 알 수 있을 것이다. 기존의 사업분야에서 대기업만큼 성공하려면 많은 자금과 기술이 있어야 하는데 이제 그런 시기는 지나갔다.

기존의 제품가치 프로세스를 고수하는 산업에는 소매유통산업, 택시산업, 호텔산업, 휴대폰산업 등 저마다 수십 년이 넘는 역사를 자랑하는 전통의 강자들이 있었다. 하지만 지금은 이런 비즈니스 강자들이 플랫폼 사업자들에 의해 속수무책으로 밀리고 있는 상황이다.

그렇다면 기존의 비즈니스와 플랫폼 비즈니스는 과연 어떻게 다를까? 가장 큰 차이점은 종래의 비즈니스는 개인고객이 이용하는 제품과 서비스의 생애가치를 극대화하는 것에 집중하고 있다면, 플랫폼 비즈니스는 개인이 아닌 플랫폼 그 자체의 가치를 극대화하는 데 집중하고 있다는 점이다. 플랫폼 자체의 가치가 극대화되면 각 이해관계자들은 해당 플랫폼을 이용함에 따른 이익이 동시에 증가하기 때문에 더더욱 플랫폼을 벗어날 수 없고 플랫폼 내부에서의 비즈니스 활동이 활발하게 이루어지고, 결과적으로 플랫폼 비즈니스는 더욱 성장하는 구조를 가지게 된다.

## 2. 미래를 지배할 비즈니스모델은?

미국에서는 2000년대 초반부터 플랫폼기업의 파워를 실감하여 실리콘밸리를 기점으로 플랫폼 인큐베이터 시스템을 엄청난 속도로 개발하고 지원하고 있다. 우리나라는 이러한 서구권에 비하여 국토의 크기도 경제규모도 인구수도 작아 항상 선진국의 경제시장의 그늘에서 벗어날 수 없었다. 이런 서구권 국가들의 경제흐름에 적응하지 못하면 결국은 또다시 앞서나가려는 선진국들에게 경제적 우위를 빼앗긴다. IT기술을 기반으로 하는 경제구도는 영토의 한계, 경제규모, 인구수와는 무관하게 형성될 수 있다. 기존의 산업경제가 실물자본 위주의 사회였다면 지금은 지식창조(지식집약형) 위주의 사회인 것이다. 과거에는 넓은 땅에서 곡물을 키우고, 광산자원이나, 기술개발 등으로 거대산업으로 가는 형태였으나, 지금은 그야말로 '봉이 김선달식 비즈니스'(플랫폼 비즈니스)가 기존의 많은 자본과 자원을 통해 이룩한 거대한 산업을 집어삼키는 세상이 된 것이다. 노동이나 자본집약형 사회에서 과감하게 탈피하여 지식집약형 사회로 나아가야 세계경제질서의 변화에 발 빠르게 적응해 나아갈 수 있다.

세계 시가총액 상위 10대 기업은 대부분 글로벌 IT기업이 석권하고 있다. 애플, 구글, 마이크로소프트, 아마존, 페이스북에 이어 중국의 텐센트도 10위권이다. 그런데 이들을 통칭하는 또 다른 이름이 있다. 바로 플랫폼 기업이다. 이들은 막강한 플랫폼을 무기로 제휴사, 소비자, 인력, 아이디어를 빨아들이고 있다. 그 속도와 영향력은 과거 어떤 산업과도 비교할 수 없을 정도로 빠르고 강력하다. 전통적인 제조업은 물론 하이테크 기업도 플랫폼 위주로 변화하는 시장의 법칙을 힘겹게 받아들이는 중이다.

플랫폼을 장악한 기업들은 별다른 비용을 들이지 않고도 유능한 창작자와 고객, 관련 기업을 끌어들인다. 실례로, 아마존과 알리바바의 상거래 플랫폼은 지상의 모든 상행위를 흡수하고 있다. 애플의 아이폰에 발을 들인 사람들은 OS의 플랫폼에 이끌려 또 다른 애플 제품과 서비스를 이용할 수밖에 없다. 문화콘텐츠 업계에서도 신문사, 방송국, 음반제작사 등의 전통적인 미디어기업들이 유튜브와 아이튠즈 같은 플랫폼 서비스에 헤게모니5)를 넘겨주고 있다. 페이스북, 인스타그램, 카카오톡, 라인 등의 SNS6)와 메신저 서비스는 다양한 플랫폼을 연결하며 콘텐츠 비즈니스의 새로운 주도권으로 등장했다. 플랫폼 전쟁, 플랫폼 혁명의 시작은 몇 년 되지 않았지만, 어마어마한 속도로 부상하고 있다.

## 3. 2030세대, 빨리 부자가 되기 위하여

우리나라 2030세대는 스펙을 쌓아서 좋은 직장에 취직을 하기 위해 피나는 노력을 너무나도 많이 한다. 그나마 그렇게 해서 취업을 하면 다행인데, 그것 또한 만만치 않다. 심지어는 대학을 졸업하고 취업을 하는데 재수는 기본이고 졸업을 유보하기도 하며, 취업이 안 되어 대학원 진학을 하거나 전문대로 다시 진학하는 진귀한 현상이 벌어지기도 한다. 그런데 문제는 그렇게 어렵게 취업을 해서 얻은 직장도 정년을 보장하지도 않을뿐더러 겨우 먹고 살 정도의 생활비만 벌 뿐, 미래를 보장받지 못한다는 것이다. 취업해서 돈 한 푼 안 쓰고 10년을 저축한다고 해도 서울의 아파트 한 채 살 돈도 벌지 못하는 것이 현실 아닌가. 또한 한창 젊은 나이에 커다란 울타리에 처박혀 기계 부속품처럼 일하며 살다가 명퇴, 조퇴에 부딪히면 또 어떻게 해야 하는 것

---

5) 주도권
6) 'Social Network Service'의 준말, 소셜네트워크서비스

인가. 학벌지상주의, 스펙지상주의 시대는 지난 지 오래다. 현실을 비난하고 젊은 날을 헛되이 보내지 말고 새로운 길을 개척하길 바란다.

두렵다고 피할 수 있는 것도 아니고, 내 삶의 방향이 제대로 정해졌는지 이젠 정면을 바라보고 승부할 때가 아니겠는가! 살면서 꿈이 없는 사람은 존재의 의미를 찾기 힘들다. 오늘 난 어떤 선택을 하고 있는지 생각해 본다. 현재를 살고 있는 2030세대는 새로운 돌파구를 찾아야 한다. 그것이 바로 플랫폼 스타트업이다.

여건은 아주 잘 갖추어져 있다. 2030세대는 공부도 열심히 했고 컴퓨터도 잘 한다. 또한 젊어서 머리회전도 잘 되며, 정부의 창업지원 시스템도 잘 갖추어져 있으며, 인터넷 기반으로 하는 비즈니스 환경도 부족함이 없다. 무엇이든 하고자하는 의욕과 열정, 기업가정신, 오너로서의 마인드(주인의식)만 있으면 어떻게든 창업을 시도하여 길지 않은 시간 내에 경제적인 자유를 누릴 수 있다. 물론 세상에 쉬운 일은 없다. 그렇지만 실패를 두려워하면 아무것도 하지 못한다.


*아무것도 하지 않으면, 아무 일도 일어나지 않는다. - 기시미 이치로*

*항상 갈구하라. 바보짓을 두려워 말라. - 스티브 잡스*

*실패는 하나의 옵션이다. 실패하지 않았다면 당신은 충분히 혁신적이지 않다는 증거이다. - 엘론 머스크*

## 4. 시니어 세대의 안정된 노후를 위하여

언제부터인가 4050세대에서도 명퇴, 조퇴 등으로 인하여 사회문제가 발생하기 시작하였다. 더구나 해당 세대는 자녀들의 학자금, 아파트대출금 등으로 돈이 더 많이 필요한 시기여서 한시도 쉴 수 없는 상황이 되어버린 것이다. 그리하여 명퇴, 조퇴 등으로 받은 퇴직금과 대출자금으로 무리하게 투자하여 치킨집, 식당, 편의점, 카페 등을 근사하게 차리고 채 2~3년을 버티지 못해 와르르 무너지는 사례를 너무도 많이 봐 왔다. 통계를 보면 창업한 자영업 점포의 70~80%가 2~3년 내에 '죽음의 계곡'에서 헤어나지 못하고 폐업을 한다고 한다. 이렇게 성공하기 어려운 점포 창업을 성공했다 해도 정신적·육체적으로 피폐해지고 죽을 때까지 장사의 울타리에서 벗어날 수 없는 상황에 처하게 된다.

따라서 일반적인 점포창업은 아무나해서는 안 되는 창업이다. 많은 비용이 필요한 창업이고, 실패가능성이 있으므로 쉽게 가능성만 보고 창업을 해서는 절대로 안 되며 체계적으로 공부하고, 연구하고, 잘 나가는 성공 점포사장님들의 도움을 받아서 잘 되고 있는 점포를 벤치마킹하고, 가능하면 창업하기 전 관련분야에서 일정기간 직접 체험해 보는 것이 필수다.

성공이 보장되지도 않는 점포창업, 남들 보기에 근사한 점포창업 및 사업에 무리한 자금을 투자하여 자신뿐만 아니라 가족 전체를 수렁에 빠트리는 오판을 하지 않기를 진심으로 바란다.

4050세대 또는 그 이상의 세대는 사회적인 경험과 연륜 또는 한 분야에 10년 이상 근무하여 얻은 노하우가 있는 세대이다. 그러므로 그러한 경험과 연륜, 노하우를 이용하여 플랫폼의 개념을 정립하면 얼마든지 플랫폼 스타트업 창업을 할 수 있다.

플랫폼 스타트업의 장점은 어느 정도 사업이 궤도에 오르면 쉽게 망하지 않는다는 특성이다. 즉, 선점효과가 있으며 진입장벽이 있다는 것이다. 진입장벽이 낮은 오프라인 사업은 금방 경쟁자가 나타나 바로 수익 악화로 돌아설 수 있는 반면, 플랫폼 스타트업은 전문분야를 기술적으로 구축하여 운영하므로 기존의 오프라인 사업과는 차별화를 둘 수 있다. 또다른 장섬은 오프라인 사업에서는 성공을 해도 체인점 몇 개 내는 수준으로 끝나지만 플랫폼 스타트업으로 성공을 하면 상상을 초월하는 천문학적인 수익을 낼 수 있다는 점이다.

2030세대와 마찬가지로 시니어 세대도 정부의 창업지원시스템은 생각보다 잘 갖추어져 있다. 다른 곳도 많지만 일단 K-스타트업 (www.k-startup,go,kr)에 가면 다 있다고 보면 된다.

# 2부

---

## 플랫폼 파헤치기

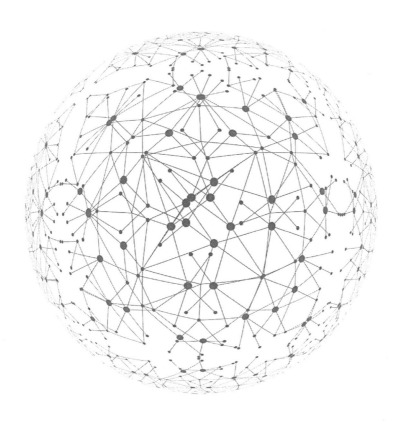

플랫폼의 원리를 파헤치기 위해서 몇 가지 구성요소를 살펴보기로 한다. 플랫폼이 되기 위해서는 항상 아래와 같은 3자 구도가 형성되어야 한다.

---

**시스템제공자 & 공급자 & 수요자**

---

기존의 사업구도는 주로 공급자와 수요자로 양자구도를 형성하고 있는데 플랫폼 형태가 되려면 이 양자구도가 시스템제공자의 솔루션 속으로 병합되어야 한다. 또한 플랫폼의 가치구조는 개방, 공유, 협력, 상생을 모토로 운영되어야 완전한 플랫폼이라 할 수 있으며, 이를 잘 못 운영하면 시스템제공자만 일방적으로 이득을 보는 플랫폼이 되어 장기적으로는 존속하기 어렵다.

# Chapter 1. 플랫폼의 원리

## 1. 시스템제공자

시스템제공자라고 하면 오프라인으로는 백화점, 전통시장, 부동산임대 등이 될 것이고, 온라인으로는 아마존, 이베이, 타오바오, 라쿠텐, 옥션, G마켓 등이 될 것이다. 모바일에서는 구글 플레이스토어, T스토어 등이 있다.

이들은 공통적으로 공급자의 입점수수료 내지는 자체 시스템을 이용한 광고유치 수익을 기반으로 운영되고 있다. 즉 공급자가 시스템에 입점하도록 유도하여 수요자로 하여금 제품을 구매하도록 하는 시스템인 것이다.

| 시스템제공자 | 공급자 | 수요자 |
|---|---|---|
| 중개수수료<br>+ 광고수익 | 재화 판매 | 재화 구매 |

## 2. 공급자

공급자는 자신들이 갖고 있는 제품, 서비스, 콘텐츠 등을 판매하기 위하여 시스템에 입점하여 판매하고자 하는 사람들이다. 이들은 시스템(플랫폼 솔루션)에 자신의 제품을 등록하여 제품구매자로 하여금 제품을 구매하도록 하여 수익을 창출하는 데 목적이 있다.

## 3. 수요자

수요자는 시스템에서 자신들이 필요한 재화를 필요에 의해서 구매하는 사람들이다.

쉽게 얘기하면 백화점의 제품을 구매하는 고객인 것이다. 단 이들이 여기서 구매하는 주된 판단조건은 제품의 품질이나 가격이 다른 곳 보다 월등하게 매력적인지 여부이다.

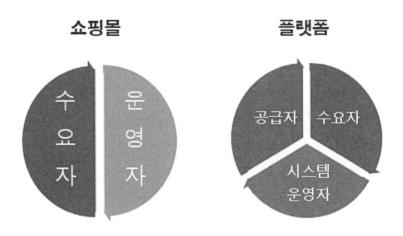

# Chapter 2. 플랫폼의 체질분석

## 1. 개방, 공유, 협력, 상생

플랫폼의 가장 기본적인 체질은 '개방, 공유, 협력, 상생'이다. 이러한 틀이 깨지면 성공적인 플랫폼으로서의 생명을 유지할 수 없다.

플랫폼은 다양한 산업군의 여러 사람들이 활동을 하는데 각자의 이익만을 추구하다 보면 일방적으로 한쪽에서만 이득을 보는 형태를 띠며 결국은 플랫폼으로서의 역할을 할 수 없게 된다. 이를테면 플랫폼 시스템 운영자는 일정한 수수료와 자체 광고수익으로 유지를 해야 하며, 공급자는 원하는 제품 및 소프트웨어의 정보 및 가격을 개방하고 주문배송 및 클레임 등 일련의 과정을 성실하게 협력하여 처리하여야 하며, 수요자는 필요한 제품 및 소프트웨어를 정해진 프로세스를 거쳐 구매해야 할 것이다. 즉 3자 구도에서 서로가 각자의 역할을 개방, 공유, 협력, 상생의 모토를 기반으로 하여 충실히 수행했을 때 건전하고 발전적인 플랫폼으로 성장할 수 있다.

플랫폼의 핵심 체질 중 '협력'과 '상생'이 부족했던 플랫폼의 사례를 살펴보겠다. 해당 플랫폼은 2000년대 컴퓨터 부품 유통의 전성기 시절에 용산전자상가의 가격비교사이트 '다나와'이다.

용산전자상가는 1980년대 후반부터 종로 세운상가에서 용산으로 옮겨져 컴퓨터의 메카로 자리 잡았다. 이후 약 20년 동안 용산에 컴퓨터 매장이 4,000여개 존재하였는데 동일 부품의 가격이 매장별로 차이가 있었다. 왜냐하면 총판점, 대리점, 취급점이 뒤섞여 있었기 때문에 동일제품이라도 가격이 같을 수가 없었던 것이다. 물론 총판점, 대리점, 취급점이 각자의 위치에서 소비자 판매가격을 준수하고 판매했더라면 문제가 없었을 텐데 집단상가의 특성상 매출을 올리기 위해 치열한 경쟁을 할 수밖에 없었다. 컴퓨터 한 대를 조립하는 데 컴퓨터 부품이 10종류가 넘고 각 부품을 최저가로 구입하려면 4,000여 곳이나 되는 많은 매장을 방문해서 가격을 물어봐야 하고 하루종일 발품을 팔아야 하는 상황이어서 소비자 입장에서는 정말로 불편한 일이 아닐 수 없었다. 그러한 문제를 해결한 것이 바로 가격비교사이트 '다나와'였다.

당시에 다나와는 그렇게 많은 컴퓨터 매장에서 동일 제품의 가격이 제일 저렴한 순서대로 부품별로 사이트에 배치하였다. 소비자들은 폭발적으로 다나와 사이트를 검색하여 해당 매장에서 제품을 구매했다. 플랫폼 개념으로 접근해서 살펴보면 다나와는 시스템제공자였고, 컴퓨터매장은 공급자이고, 수요자는 소비자였다. 다나와(시스템제공자)는 컴퓨터매장(공급자)으로부터 입점료, 사이트제작비, 광고료 등의 수익으로 성장가도를 달리고 있었다. 그러나 시작 후 몇 년이 지난 어느 순간, 다나와에 입점한 공급자들한테서 문제가 발생되었다. 공정한 가격경쟁을 지속적으로 할 수 없었다. 부품 유통의 최고의 위치에 있는 부류는 제조사, 수입총판, 대리점이었다. 결국 해당 부품을 최저가로 사이트에 등록할 수 있는 곳은 제조사, 수입총판, 대리점이었고 취급점들은 제조사나 수입총판들, 대리점들이 매출을 높이기 위한 저가 공세로 인하여 가격경쟁에서 실패하고 용산전자상가에서 물러나야 했다. 다나와 입장에서도 약 80%나 되는 취급점들이 플랫폼에서 빠져나가면 좋을 리가 없었다. 이는 결국 '협력', '상생'의 원리를 저버렸기에 이런 문제가 생겼다고 볼 수 있다. 시스템제공자가 플랫폼의 체질을 잘 이해하여 플랫폼을 구성하여 운영하였다면, 다나와에서 약 80%나 되는 취급점이 플랫폼에서 빠져나가지 않고 원활하게 운영되고 있었을 것이다.

## 2. 플랫폼 구성요소의 장점

### 시스템제공자

시스템제공자는 공급자와 수요자가 시스템(플랫폼 솔루션) 속에서 서로 개방, 공유, 협력, 상생을 모토로 공급자와 수요자가 일정의 거래를 할 수 있는 곳을 여는 사람이다.

기존의 오프라인 플랫폼 형태의 시스템제공자들이 제공하는 것보다 더 편리하고 접근성이 용이한 솔루션을 갖춤으로써 현재의 온라인 플랫폼 사업자들은 큰 사업자금을 들이지 않고도 오프라인 플랫폼 사업자들보다 효율적으로 더 많은 수익을 창출할 수 있으며, 시스템의 공급자 및 수요자가 상호 윈-윈하는 토대를 마련해줄 수 있다.

## 공급자

공급자들은 기존의 독자적인 마케팅보다는 시스템제공자가 제공하는 잘 홍보된 시스템을 이용하여 훨씬 수월하게 수요자를 만나서 수익을 창출할 수 있는 장점이 있다. 즉, 이러한 시스템을 이용하지 않게 된다면 기존의 독자적인 마케팅을 활용해서 비용도 많이 들고 비용대비 효과도 장담할 수 없기 때문에, 가급적 잘 알려진 플랫폼 공간에서 일정수수료만 지급하고 기대 이상의 효과를 얻는 것이 낫다.

## 수요자

수요자들은 필요한 제품이나 서비스를 혼자 구하려는데 드는 시간과 비용을 플랫폼 시스템을 통해서 크게 줄일 수 있으며 신뢰할 수 있기에 플랫폼 사업자들을 선호한다.

## 3. 플랫폼 구성요소의 단점

## 시스템제공자

시스템제공자는 시스템내 공급자나 수요자를 생각하며 시스템을 운영해야 한다. 이들의 균형이 깨지면 원활한 플랫폼으로서의 운영이 불가능하다는 단점이 있다. 예를 들어, 백화점이나 오픈마켓의 경우 입점업체의 입점료 내지는 제품판매 중개수수료가 주 수익원인데 백화점이나 오픈마켓에서 일방적으로 수익을 올리기 위하여 입점료 혹은 제품판매 중개수수료를 기대이상으로 높이면 공급자는 수익이 떨어져 다른 플랫폼으로 이동해버릴 수 있다.

또 다른 단점은 플랫폼은 공급자가 늘지 않으면 서비스의 이용자들도 늘어나지 않는다는 것이다. 또한 공급자나 이용고객 자체를 늘리기 힘들다는 단점이 내재한다. 그래서 대기업이 플랫폼 비즈니스에 진출할 때는 이미 많은 회원이나 이용고객을 거느린 서비스나 플랫폼 자체를 인수함으로써 고객수를 확보한다. 과거에 SKT가 네이트를 인수하고, LG텔레콤이 천리안을 인수했다. 미국에서는 페이스북이 인스타그램을 인수한 것은 비즈니스 플랫폼으로서 욕심이 있었기 때문이다. 회원성장이 뚜렷한 플랫폼은 저렴할 때 사두는 것이 가장 좋은 선택이기 때문이다.

## 공급자

공급자는 거대하고 안정된 시스템에 참여하여 시스템제공자와 수요자에게 일정의 이익을 주는 역할을 하고 있다. 공급자 또한 시스템제공자와 마찬가지로 공급자만을 위한 마진을 높게 책정하여 제품을 유통시키려 한다면 시스템제공자와 공급자는 동시에 수익이 올라가겠지만, 수요자역시 가격이 비싸기 때문에 다른 플랫폼으로 가버릴 수 있다. 또한 공급자는 유사한 콘텐츠나, 상품 등 재화에 대한 판매가격을 공급자 임의대로 설정할 수 없다. 왜냐하면 공급자가 판매하려고 하는 유사한 재화가 플랫폼에 이미 등록되어 판매되고 있기 때문에 비슷하거나 더 낮은 가격책정을 해야 판매가 이루어지기 때문이다.

플랫폼에서는 공급자 역시 플랫폼의 핵심가치(개방, 공유, 협력, 상생)를 유지하지 못한다면 플랫폼 내에서 원하는 바를 이루지 못할 것이다.

## 수요자

플랫폼의 최대 수혜자는 회원 또는 이용고객(수요자)이다. 회원없는 플랫폼은 있을 수 없고, 플랫폼이 생성되는 이유도 궁극적으로는 회원을 타켓으로 하기 때문이다. 그래서 플랫폼에서는 회원유치를 위해서 플랫폼 자체를 적극적으로 홍보해야 하며 플랫폼내 콘텐츠도 회원이 플랫폼을 이용하면 최대의 수혜를 입을 수 있도록 구성해야 한다.

그렇기 때문에 플랫폼의 구성요소의 하나인 수요자의 단점이 나타나면 나타날수록 플랫폼의 가치는 떨어져 존재의미 자체를 잃어버리게 될 것이다.

# Chapter 3. 플랫폼 성공기업 30

해외와 국내의 플랫폼 성공기업들의 다양한 운영형태 및 수익분석에 관해서 설명하여 플랫폼 스타트업을 시작하려고 하는 예비 플랫폼 사업자들에게 벤치마크 자료이자 많은 동기부여가 되었으면 한다.

## 1. 아마존

### 1) 탄생배경

아마존 창시자 제프 베조스는 1994년 인터넷서점을 열기 위해 근무하던 뉴욕의 투자은행을 그만두고 시애틀로 이주했다. 자신의 차고에서 4명의 직원(컴퓨터광 3명과 회계담당자 1명)과 일을 시작하여 서점사이트를 위한 소프트웨어를 개발했고, 세계에서 가장 긴 강의 이름을 따서 회사 이름을 '아마존닷컴'이라고 정했다. 베조스는 처음부터 인터넷상에서 책을 팔려고 한 것은 아니었다. 당시 인터넷 이용률이 매년 2300% 가량 급속히 성장하던 때였기 때문에 인터넷이 엄청나게 많은 사람이 모이는 공간이 될 것이라는 사실, 그리고 사람들이 많이 모이는 공간에서는 무언가를 판매할 기회를 포착할 수 있다는 사실에 주목했다. 즉, 전자상거래의 미래를 생각하면서 주력상품으로 찾기 위해 거래흐름차트를 자성했다. '상품의 친구성, 커다란 시장규모, 경쟁, 재고의 확보, 판매서적의 데이터베이스 구축, 배송비용, 온라인의 잠재력'을 모두 점검하여 내린 결론은 가장 표준화된 제품인 '책'이란 결론을 내렸다. 그렇게 탄생된 것이 인터넷서점인 '아마존'이다.

## 2) 운영형태

아마존은 2000년대에 들어서면서 너무나도 유명해진 제품중개형 플랫폼이다. 원래 초기에는 단순한 온라인서점으로 출발을 했는데, 차츰 DVD, CD, MP3, 컴퓨터 소프트웨어를 필두로 비디오게임, 전자제품, 의류, 장난감, 잡화까지 취급아이템을 확장하면서 전형적인 제품중개형 플랫폼으로 자리매김을 했다.

운영형태는 아마존(amazon.com)이라는 오픈마켓사이트에 제품 판매자가 제품을 등록하면, 제품구매자가 제품을 구매하려고 아마존에 결제를 하고, 제품 판매자가 구매자에게 배송을 해주는 시스템으로 이뤄져 있다. 이런 일련의 과정을 통해 아마존은 제품 판매자에게 일정의 수수료(건당 $0.9 혹은 월 40건 이상 판매시 월 $39.99)를 공제하고 제품 판매자에게 제품값을 결제해주는 프로세스로 이뤄져 있다.

이런 제품중개형 플랫폼은 해외에는 미국에 이베이(eBay), 중국에 타오바오, 일본에 라쿠텐, 말레이시아에 라자다, 싱가폴에 큐텐 등이 있고 국내에는 옥션, G마켓, 11번가, 인터파크, 네이버 스토어팜 등이 있다.

이들 각 오픈마켓들의 판매수수료는 제품판매가의 4~15%로 오픈마켓별로 또는 판매하는 제품의 종류별로 각각 다르게 형성되어 있다. 또한 이들의 수익은 제품판매수수료만 있는 것이 아니고 마켓내에서 판매자들이 자신들의 제품을 경쟁판매업자들보다 더 잘 판매하기 위하여 유료광고를 할 수 있도록 제품등록시 결제할 수 있는 광고옵션을 두고 있다. 이로써 오픈마켓은 추가로 판매자를 통한 광고수익을 얻을 수 있다.

이와 같은 오픈마켓은 겉으로 보면 일반 쇼핑몰처럼 단순하게 보이지만 자세히 파헤쳐보면 다양한 곳에서 수익을 창출할 수 있는 형태로 운영되고 있다. 이렇게 다양한 수익을 창출할 수 있는 이유는 첫째, 오픈마켓의 콘텐츠가 충실하기 때문이다. 즉 마켓의 생명은 제품콘텐츠인데 그러한 제품들이 다른 곳보다 가격면에서 경쟁력이 있거나, 다른 곳에서는 구매하기 쉽지 않은 제품들이 많이 구성되어 있는 등 고객들이 마켓에 오래 머무를 수 있도록 제품의 콘텐츠가 잘 구성되어있기 때문이다. 둘째, 마켓에 회원가입 유도를 위하여 이벤트를 하거나, 마켓을 대외적으로 적극적인 홍보를 하여 잠재고객을 많이 모집했고, 또한 오픈마켓 제휴프로그램을 운영하기도 하고, 그러다 보니 오픈마켓의 브랜드가치가 형성되었기 때문이다. 결국 시장이 제대로 활성화되면 시장 자체에서 다양한 수익원을 창출할 수 있다는 얘기다.


### 3) 운영현황

1995년 인터넷서점으로 영업을 개시했고, 그해 벤처투자자로부터 98만 달러의 투자를 받았고, 1996년에는 800만 달러를 유치에 성공, 1997년 기업공개(IPO)를 통해 주당 18달러로 나스닥에 상장했다.

IPO를 통해 5400만 달러를 조달했고, 1998년 음반 판매서비스도 추가하였고, 같은 해 영화데이터베이스 사이트 IMDB를 인수하여 DVD도 판매했으며, 그해 '원클릭 주문'(고객의 신용카드 정보와 주로 쓰는 배송지를 미리 불러와 고객이 물건을 주문할 때 단추하나만 눌러서 물건을 살 수 있게 해주는 방식)에 대한 특허를 신청했다. 1998년부터 본격적으로 M&A에 뛰어 들었으며 다양한 회사에 투자도 하였다.

1999년에는 경매사이트를 런칭했다. 즉, 소더비(1774년 영국에서 설립되어 크리스티와 함께 최대의 경매회사) 경매회사와 계약을 했다. 이것이 아마존이 자신의 사이트를 플랫폼으로 발전시켜 다른 소매업체들의 참여를 촉진시키려는 최초의 시도였다.

1999년 3억 달러를 투자하여 미국과 유럽을 포함 총 5군데에 물류센터를 확장했다. 이것 또한 지금의 아마존 FBA(Fulfillment By Amazon ; 판매자들의 상품을 아마존이 직접 선별, 포장, 배송하는 서비스) 시스템을 운영할 수 있는 발판이 된 것이다. 2000년 닷컴 버블 붕괴 시절에는 약 20억 달러에 달하는 부채도 발생했다.

이 시점에 아마존은 쇼핑몰라는 새로운 기능을 발표하여 다른 상인들의 물건을 아마존이 판매하는 물건과 나란히 판매할 수 있도록 하였다. 2002년, 아마존은 순수익 500만 달러의 첫 분기 수익을 냈으며, 2007년에는 1/4분기 매출이 30억 달러에 달해 2007년 총 매출은 148억 달러를 기록했다.

2011년 아마존은 아마존 킨들(전자책 서비스 전용 단말기)을 위한 안드로이드 운영체제 스마트폰 사용자들을 위한 앱스토어를 공개했고 같은 해에 아마존 로컬서비스를 출시하여 지역 상점들과 연계된 로컬 커머스 사업에 뛰어 들었다.

이후에도 동영상 스트리밍 서비스를 하고, 물류에서 로봇으로 고객 주문처리과정을 자동화한 기업 키바시스템즈를 7억7500만 달러에 인수했으며, 앱에서도 원클릭 결제시스템을 할 수 있도록 앱개발도 했다. 2013년에는 언론사 '워싱턴포스트'를 인수하는 등 계속적으로 사업영역을 확장해 나가고 있다.

Itworld 자료에 따르면 아마존이 2017년 2분기 매출이 304억 달러에서 380억 달러로 껑충 뛰었다고 한다. 그러나 이는 아마존 모기업에서 달성한 것이 아니고 자기업인 아마존 웹서비스(Amazon Web Service, AWS) 클라우드 컴퓨팅 사업이 아마존의 성장을 주도하는 것이라고 한다. 전년 동기와 비교할 때 AWS의 수익은 42% 상승했고, 아마존의 전체 서비스 수익도 132억 달러로 42% 올랐다고 한다. 아마존은 이제 단순 오픈마켓 개념을 넘어 다양한 분야의 거대비즈니스로 확장하고 있다.

## 2. 에어비앤비

### 1) 탄생배경

글로벌형 봉이 김선달이 현재 기업가치 300억 달러가 넘는 규모로 성장하는 회사를 운영하고 있다. 내 집은 없는데 남의 집을 빌려주고 돈은 내가 번다. 잘 믿기지 않겠지만 이 방식을 통해 전 세계적으로 엄청난 성장을 하고 있는 플랫폼 스타트업이 '에어비앤비(airbnb)'다.

창업 동기는 아주 우연한 기회에 생겼다. 2007년 미국 샌프란시스코에서 열린 디자인 컨퍼런스 때문에 근처에 숙박업소를 알아보던 디자이너 3명이 숙박할 곳을 찾았는데, 주변에 임대주택에 살고 있던 사람의 도움으로 저렴한 금액으로 침대에서 숙박할 수 있었고 아침식사도 제공받았다. 이에 사업아이디어를 착안해 2008년 'Airbed and breakfast'란 이름으로 회사를 창업했고 이후 Airbnb로 회사명을 바꾸어 운영하기 시작했다.

에어비앤비는 현재 사람이 살고 있는 주거공간을 공유하는 플랫폼으로 'O2O서비스(Online to Offline)'라고도 한다. O2O서비스는 온라인과 오프라인을 연결하는 서비스로 생활밀착형, 공유경제형 서비스이다. 참고로 글로벌 봉이 김선달은 또 있다. 바로 우버택시이다. 국내에서는 카카오택시가 있다.

에어비앤비는 제품을 판매하거나 정보를 판매하는 것이 아니라 사적인 공간을 공유하여 일정기간 머무르고자 하는 게스트에게 집을 제공하는 대표적인 공유경제형 비즈니스라 할 수 있다. 건물을 직접 구매하지 않고 주거공간을 제공해줄 수 있는 공급자와 수요자를 사이트를 통해 연결만 해주면 되는 순수한 플랫폼 기반의 공유경제형 플랫폼이다. 사실 그렇게 새로운 것은 아니다. 우리가 휴가를 떠나면 해당 지역에 머물기 위해 민박을 이용하고 호텔이나 기타 숙박업소를 이용해왔다. 그러나 이러한 것을 공유개념을 적용하여 전 세계적으로 이용할 수 있도록 플랫폼 개념을 적용하여 사이트를 개설, 운영한다는 점에 큰 의미를 둘 수 있다.

2016년에 브라질은 올림픽 때 에어비앤비를 공식 파트너로 인정하기도 했다.

## 2) 운영형태

이렇게 에어비앤비가 전 세계적으로 뻗어나갈 수 있는 이유는 호텔보다 저렴한 가격의 숙소, 해당 지역사람들에 대한 호기심, 해당지역의 색다른 경험 등, 부수적으로 얻어지는 것 때문이다.

에어비앤비는 호스트와 게스트를 잘 중재하여 건당 6~12%의 예약서비스 중개료를 받아 수익을 창출하고 이 중개료는 주거공간을 사용하려는 게스트가 지불하도록 되어 있으며, 중개료를 갖고 사이트를 운영하고, 고객서비스를 제공하는데 이용된다. 또한 호스트는 숙박대금의 약 3%의 수수료를 에어비앤비에 지불하는데 이는 에어비앤비가 호스트에게 숙박대금을 지불할 때 발생되는 비용을 처리하기 위하여 차감되어 지불된다.

에어비앤비는 주거공간을 공유하려는 게스트들에게 안전하게 묵을 수 있도록 신변의 위협으로부터 보호받아야 하고 호스트와 게스트가 일정의 금전적 피해를 입었을 때 이를 보상하기 위해 보험서비스를 제공함으로 안전히 이용할 수 있다. 또한 공인된 신분증을 제시해야

에어비앤비에서 예약을 할 수 있도록 하고 있다.

### 3) 운영현황

2008년 창업한 에어비앤비는 한경닷컴의 보도를 보면 "2017년 현재 기업가치는 300억 달러를 넘어 세계 1위 호텔 체인업체인 힐튼그룹의 기업가치를 상회하고 있다"고 한다. 2015년만 해도 에어비앤비 기업가치가 255억 달러라고 했는데, 불과 2년여 만에 45억 달러가 상승한 것이다. 현재 세계 2위 호텔 체인 메리어트는 시가총액 209억 달러로 이미 에어비앤비에 뒤쳐져 있는 상황이다. 이렇게 천정부지로 치솟은 에어비앤비의 몸값에 대해 일각에서는 거품이라는 논란도 있지만, 그만큼 시장이 공유경제를 앞세운 에어비앤비의 성장가능성을 높게 평가하고 있다는 반증이기도 하다.

숙박업을 운영하는 국내 경쟁업체 일부에서는 숙박업에 등록을 해야 한다며 잡음이 계속 발생하고 있는 실정이다.

## 3. 유튜브

### 1) 탄생배경

유튜브(YouTube)에서는 마음에 드는 동영상과 음악을 감상하고, 직접 만든 콘텐츠를 업로드하여 친구, 가족뿐 아니라 전 세계 사람들과 콘텐츠를 공유할 수 있다.

다른 많은 사업과 마찬가지로 유튜브도 엄청난 계기가 아닌 우연한 기회로 시작되었다. 2005년 미국 샌프란시스코에서 창업자 스티브 첸은 친구들과 모임을 갖고 함께 찍은 동영상을 서로 공유할 방법을 찾지 못해 동영상을 공유할 수 있는 사이트를 직접 만들기로 한 것이 사업의 시작이었다. 이렇듯 사업아이디어는 생활하면서 불편함을 해소하는 필요(needs)에 의해 시작되며, 이를 지속적인 수정, 보완을 거쳐 완전한 사업아이템이 되는 것이다.

'You'는 사람들, 'Tube'는 TV를 의미하며 둘을 합치면 모든 사람들이 시청자이며 제작자라는 뜻이라고 한다.

초창기에는 그렇게 영향력이 없었지만 2006년 구글이 그 가능성을 높이 평가하여 16억 5000만 달러에 인수하였고 창업자 외 2명도 한동안 구글에서 근무했으며, 2010년에는 하루 검색횟수가 20억 회를 넘었다.

### 2) 운영형태

유튜브는 동영상 제작자, 시청자, 광고주로 구성되는 광고형 플랫폼이다. 사용자들은 자신들이 제작한 동영상을 무료로 유튜브에 올리고 시청할 수 있으며, 관심있는 동영상 콘텐츠에 사람들이 몰리면 이를 기반으로 광고주를 유입하여 광고주로부터 더 높은 협상을 유도해 높은 광고단가를 받을 수 있다. 모든 플랫폼이 그러하듯 유튜브도 거대한 가입자 기반 유저들을 유치해서 트래픽을 많이 일으켜야 사이트운영자와 동영상제작자의 수익이 연결되며, 광고주도 일정 이상의 광고효과를 볼 수 있다.

유튜브의 광고형태는 여러 가지가 있으며 기본적으로 동영상에 광고가 적용이 되려면 최소 1,000단위 이상의 노출횟수를 필요로 한다.

유튜브는 구글의 강력한 검색기법인 애드워즈를 활용해 사용자 패턴을 분석해 맞춤형 광고를 제공하고 있으며, 동영상의 다양한 호환성을 높이기 위해 AVI, MPG, MOV, WMV등 다양한 형태로 동영상자료를 업로드하도록 하고 있다.

### 3) 운영현황

2012년 유튜브를 통해 가수 싸이가 부른 강남스타일의 뮤직비디오가 2017년까지 약 5년간 28억뷰(조회수)를 넘어섰다. 유튜브를 통한 전 세계적인 파장은 예상을 뒤엎을 정도이다.

유튜브의 실제 수익은? 구글이 유튜브를 인수하면서 수익공개를 별도로 하지 않고 있는데, 인수 당시만 해도 뚜렷한 수익이 없는 유튜브를 16억5000만 달러라는 거액을 통해 M&A를 했다고 비난이 쏟아졌다. 더구나 기존에 주류를 이루는 미디어(영화사, 음반제작사) 등의 저작권 공세가 끊이지 않고 있었다. 그러나 점차 안정화를 기하며 9년 만에 유튜브는 구글을 든든하게 버텨주는 기둥 역할을 하고 있다.

어떤 플랫폼도 마찬가지겠지만 유튜브의 과제는 동영상 콘텐츠의 품질관리에 있다. 이에 유튜브는 한 가지 방편으로 저작권을 위반한 불법동영상을 자동으로 발견할 수 있는 콘텐츠ID를 개발하였으며, 저작권을 침해한 동영상을 발견했을 경우 유튜브는 동영상을 삭제하는 대신 저작권자에게 먼저 연락을 취해 저작권 침해사실을 알려준다. 그리고 저작권자에게 두 가지의 선택권을 주는데, 하나는 저작권침해 동영상 삭제, 다른 하나는 콘텐츠에 광고를 삽입하여 유튜브와 광고수익을 나누는 것을 제안한다. 그러면 대부분 후자를 선택한다고 한다.

플랫폼의 특성상 양질의 콘텐츠 서비스를 유지해야 사용자들이 계속 유지될 것이며, 이것을 잘 지키지 못하면 사용자들이 그 플랫폼에서 이탈하여 생명력을 유지할 수 없게 될 것이다.

## 4. 샤오미

### 1) 탄생배경

샤오미의 대표 레이쥔은 컴퓨터공학 전공으로 베이징에서 킹소프트라는 회사의 CEO였다. 2009년 아이폰을 보고 스마트폰의 세상이 본격적으로 열릴 것으로 판단하고 스마트폰 제조회사 설립을 꿈꾸면서 2010년 당시 구글의 베이징오피스에서 모바일부문을 담당하던 임원 린빈과 함께 샤오미를 설립한다.

당시로서는 애플, 삼성, 노키아, 블랙베리 등 굵직굵직한 기업들이 판을 벌리는 상황이어서 상당히 무모한 도전으로 보였다. 하지만 샤오미는 몇 가지 차별화된 전략을 펼치는데, 첫 번째는 안드로이드 운영체제를 변형한 미우이(MIUI)라는 OS[7]를 먼저 출시하여 무료로 공개하면서 기존 안드로이드 스마트폰 사용자로부터 좋은 평을 받았다. 둘째는 샤오미 제품을 인터넷에서만 판매를 했는데 이는 광고비를 크게 절약할 수 있어 제품을 저렴하게 판매할 수 있기 때문이다. 셋째는 신제품 출시 때 스티브 잡스처럼 검은 옷차림에 청바지를 입고 나와 제품발표회를 하여 대중의 관심을 이끌었다.

### 2) 운영형태

샤오미('좁쌀'이라는 뜻의 중국어)는 다른 플랫폼하고는 다르게 제품(어플리케이션이나 액세서리)을 가지고 플랫폼화 했다. 즉 삼성이나 애플처럼 스마트폰을 판매하면서 수익을 창출하는 것이 아닌 최대한

---

7) Operating System, 운영체제

좋은 제품을 합리적인 가격으로 많이 판매하여 사용자 기반을 확보하고 이를 기반으로 어플리케이션이나 액세서리 등으로 수익을 발생시키는 전략을 구사하고 있다. 소비자에게 더 나은 만족을 위해 고객이 원하는 제품을 만들 수 있도록 하며, 이를 위해 제품 제작과정에 대한 의견을 제시하도록 '샤오미 뒷마당, MIUI 포럼'의 커뮤니티를 구성하고, 고객들의 의견을 듣고 이를 반영하여 MIUI를 매주 업데이트하는 등 충성도 높은 고객층을 확보하여 경쟁력을 높이고 있다.

또한 마케팅 전략에서도 기존 휴대폰 제조사가 진행 중인 대도시 옥외광고 및 통신사 마케팅을 하지 않고, 중국판 트위터인 웨이보와 중국판 카카오톡인 위챗을 통해 입소문 마케팅 전략을 구사하여, 중국 스마트폰 시장 내 돌풍을 일으켜 내놓는 수량마다 연일 매진을 기록했다. 또한 애플처럼 신제품을 '1년에 단 한 종류'의 스마트폰을 출시하지만 지속적인 업데이트를 해준다. 이는 중국인들에게 크게 어필되었으며, 특히 젊고 유행에 민감하지만 경제적 여유가 다소 부족한 20~30대를 타켓으로 하고 이러한 사용자 친화적인 정책뿐만 아니라 소비자들에게 빠른 피드백을 제공하는 회사로도 알려졌다.

### 3) 운영현황

2013년 내놓은 샤오미의 세 번째 스마트폰모델인 'M3'는 초도물량 10만대가 86초 만에 샤오미의 홈페이지를 통해 다 팔렸다. 카날리스(시장조사업체)의 조사에 따르면 2013년 샤오미는 1,870만대의 스마트폰을 거의 온라인을 통해서만 판매해 5조 원 이상의 매출을 올렸다. 또한 같은 해 샤오미는 10조 원의 기업가치를 인정받으며 추가투자를 받는데 성공했다. 이는 미국의 잘 나가는 스타트업인 에어비앤비의 기업가치와 어깨를 나란히 하는 것이다. 샤오미는 중국시장을 넘어서 인도, 멕시코, 브라질, 러시아, 터키, 동남아시아 등의 신흥시장에 진출했고 점차 상승곡선을 그리며 2017년에는 8,200만 개에 가까운 스마트폰 출하량을 기록했다.

인도사업에서 채널전략, 마케팅 및 제품의 현지화로 1위 판매업체인 삼성의 920만대와의 격차가 20만대 밖에 되지 않은 2위에 올랐다. 샤오미는 제품 라인업도 다양해져서, 태블릿PC와 스마트폰 외에도 세계최초로 4K를 지원하는 셋톱박스와 이어폰, 보조배터리, 49인치 4K스마트TV까지 구성되어있다. 더 놀라운 사실은 지금 소개한 모든 제품을 구입하는 데 150만 원이면 충분하다는 것이다.

이렇듯 '대륙의 실수'라고 하는 샤오미는 2018년 세계에서 두 번째로 큰 스마트폰 제조사가 될 것이라고 미국 시장조사기관 스트래티지 애널리틱스는 내다봤다. 2018년 샤오미는 500억 달러수준의 경이로운 규모의 IPO(기업공개)를 추진할 것이라고 한다.

샤오미는 또한 중국의 대표 검색엔진회사인 바이두의 인공지능화 사물인터넷분야에서 제휴를 맺고 바이두의 OS인 두어(DUER)를 탑재한 스마트기기의 개발에 주력하고 있다.

## 5. 워드프레스

### 1) 탄생배경

2003년 당시 사진작가이자 블로거인 미국의 휴스턴 대학 1학년생 매트 뮬렌웨그는 B2/cafelog라는 블로그 프로그램에 염증을 느껴 기존의 소스코드를 기반으로 새로운 프로그램을 개발할 때가 되지 않았나 생각했다. B2/cafelog 사용자이자 개발자인 마이크 리틀이 동의하며 '워드프레스(WordPress)'가(버전 0.7) 탄생했다. 이듬해 플러그인 구조와 애플리케이션 프로그래밍 인터페이스(API)를 도입해 유연하고 새로운 워드프레스(버전 1.2)가 재탄생했다. 이후 2005년에 테마구조와 페이지 운영이 가능한 버전 1.5가 나왔고 2005년 후반에 버전 2.0이 기본툴로 자리잡았다.

워드프레스 1.2 버전부터는 플러그인(기존 응용소프트웨어에 특정 기능을 추가하기 위한 소프트웨어 요소)을 도입하면서 필요에 따라 기능을 추가할 수 있는 시스템으로 바뀌었다. 2014년 한국을 방문한 워드프레스 개발자 뮬렌웨그는 처음부터 사업으로써 워드프레스 런칭을 고려한 것이 아니라고 한다. 또한 오픈소스 기반의 소프트웨어 회사는 살아남기 불가능하다는 이야기를 듣고 부단히 노력을 했다고 한다. 워드프레스의 주요 성공요인으로 밝혀진 플러그인(plug-in)은 워드프레스의 심플함을 잃어버리지 않기 위해서 만들었다고 한다.

### 2) 운영형태

홈페이지나 블로그, 쇼핑몰 등은 기본적으로 솔루션이 있어야 하고,

이런 솔루션을 운용할 수 있는 호스팅(hosting)을 해야 한다. 워드프레스는 홈페이지나 블로그, 쇼핑몰 등을 제작하는 솔루션이다. 일반적으로 전문가에게 의뢰하여 코딩을 하거나 아니면 기존에 만들어진 디자인 템플릿을 이용하는데, 워드프레스는 기본 골격에 플러그인이라는 독립솔루션을 첨가해서 홈페이지나 블로그 등을 사용자의 취향대로 완성하는 개념이다. 쉽게 얘기하면 어린이 장난감 레고를 조립하여 어떤 모형을 만드는 것처럼 홈페이지나 블로그 등을 쉽게 완성한다는 개념이다.

워드프레스는 오픈소스를 기반으로 표준화시켜 운영되기 때문에 프로그램을 개발하는 사람들이 제작한 독립 플러그인과 무난하게 호환되어 사용된다. 그렇기에 독립플러그인을 무료로 공유하거나 유료로 판매할 수 있으며, 워드프레스는 이 부분에서 독립플러그인 제작자와 플러그인 사용자 사이에 거래되는 금액에 대해 거래수수료를 수익으로 하고, 무료 웹서비스 사용자를 대상으로 광고를 게재하여 수익을 창출하기도 한다. 또한 워드프레스는 웹호스팅서비스나 서버호스팅 서비스로 매출을 발생시키는데 소비자들이 제작, 소유한 컨텐츠의 백업이나 서버용량추가, 스팸방지 등 부가서비스를 별도의 월정액을 받고 운영하고 있다.

### 3) 운영현황

워드프레스닷컴을 운영하는 오토매틱이 2014년에 1억6천만 달러 (한화 1조2천억 원) 투자유치에 성공하면서 기업가치가 10억 달러 대의 반열에 올랐다. 오토매틱이 2008년 1,200만 달러를 유치한 이후 두 번째 투자유치이다. W3Techs (웹기술 조사사이트) 조사에 따르면

2018년 현재 워드프레스는 시중 모든 웹사이트의 30%에서 사용되며 콘텐츠 관리시스템 시장점유율은 60.2%이다.

워드프레스가 이렇게 기업가치를 인정받고, 사용자들로부터 인기가 있는 것은 수만 명이 참여하는 플러그인, 워드프레스 테마 개발자 커뮤니티 덕분이다.

## 6. 우버

### 1) 탄생배경

우버(Uber)의 창업자인 트래비스 캘러닉은 대학을 졸업하고 친구와 함께 몇 차례 창업했지만 실패를 거듭했다고 하는데, 그 중 3번째로 창업한 회사가 바로 우버이다.

어느 날, 캘러닉과 함께 택시를 기다리던 그의 친구는 30분이 넘게 택시가 잡히지 않자 짜증이 난 나머지 '조작단추 하나로 택시를 부를 수는 없을까?'라는 생각을 하게 됐고 그 생각이 바로 우버의 탄생으로 이어졌다.

우버는 2010년 6월 미국 캘리포니아 주 샌프란시스코에서 첫 서비스를 시작했고, 구글과 여러 펀드로부터 대규모의 투자를 받으면서 사업의 가치를 인정받기 시작했다.

우버는 샌프란시스코에서 서비스를 시작한 다음해 2011년부터 승승장구하기 시작했고, 서비스 시작한지 5년 만에 57개국에 300개 이상의 도시에서 우버 서비스가 제공되고 있다.

### 2) 운영형태

우버는 승객과 기사를 연결해주는 앱 서비스이다. 기존에 택시를 타기 위해서는 택시회사번호를 찾아서 전화를 하거나 도로에 빈차를 잡기 위해 손을 드는 등 번거롭게 이용해왔다.

우버는 택시뿐만 아니라 개인차량도 등록을 하면 기사로 등록되어 서비스를 이용할 수 있다. 승객 입장에서는 콜택시처럼 이용할 수 있어 매우 편리한데, 기사는 택시면허가 없어도 택시영업을 할 수 있다. 이러한 운영상의 문제로 인해 세계 여러 나라에 진출한 우버는 각국의 택시업계에서 강력한 저항을 받고 있다. 택시기사들의 생계의 위협, 무면허, 무보험 등 각국의 법에 저촉되는 문제가 제기된다.

우버 이용자는 앱을 설치하고 신용카드를 등록하면 이용할 수 있고, 날씨와 시간, 요일에 따라 요금이 차등적으로 책정된다. 우버의 가장 큰 특징은 승객과 기사 간에 상호평가제도로, 고객불만사항이 생기면 기사에 항의하고 패널티 점수가 누적되면 기사 자격을 박탈하기도 한다. 따라서 기사는 일반택시보다도 서비스가 좋아야 하며 승객도 예의를 갖추어야 한다.

### 3) 운영현황

우버는 실리콘밸리 벤처 캐피털리스트로부터 2년간 4,950만 달러(한화 약 5,100억 원)의 투자유치에 성공했으며, 2015년에는 골드만삭스8)로부터 전환사채 형태로 16억 달러(한화 약 1조7천억 원)의 투자유치에 성공했다.

전환사채는 일정한 조건하에서 채권을 주식으로 전환할 수 있는 것으로 이번에 투자된 채권의 만기는 6년으로 만기 시 우버의 기업가치 20~30%에 해당하는 주식을 배당받을 수 있는 것이다.

우버가 이렇게 큰 규모의 투자를 계속 받는 것은 해외지사를 늘리는 데 자본이 많이 들기 때문이다. 이번 자금도 해외 곳곳에 지사를 세우고 우버 서비스를 널리 홍보하고 보급하는 데 사용될 것이라 한

---

8) 투자 및 증권 업무와 기타 종합금융 서비스를 제공하는 미국의 대표적인 다국적 투자은행

다.

추가로 2017년 일본의 소프트뱅크 손정의 사장은 우버에 100억 달러(한화 약 11조 5,000억 원)을 투자하고 우버의 지분 14%를 인수하기로 했다. 우버는 이번의 투자유치로 공유택시 사업을 글로벌 규모로 운영할 수 있는 발판을 마련했으며 2019년 IPO 계획도 탄력을 받게 되었다.

# 7. 핀터레스트

## 1) 탄생배경

지금은 소셜미디어 전성시대, 우리는 소리 없이 파고드는 플랫폼의 세상에서 일상을 살아간다.

핀터레스트(Pinterest)의 의미는 벽에 물건을 고정할 때 사용하는 핀(PIN) 과 관심을 뜻하는 인터레스트(INTEREST)의 합성어다. 핀터레스트는 2009년 구글의 영업부서에 근무하는 벤 실버맨이 대학시절 친구들과 의기투합해 아이폰용 앱으로 시작되었다. 핀터레스트는 이미지 큐레이트형 플랫폼이다. 즉 유사한 이미지들끼리 묶어놓고 관심있는 사람들이 공유하는 일종의 컴퓨터의 즐겨찾기와 비슷한 개념으로 출발했다. 초기에는 당연히 사용자들이 많지 않았다. 최초가입한 소수의 사용자에게 적극적인 피드백을 받고 2010년 클로즈베타에서 오픈베타서비스를 전환하여 사용자가 5000명에서 순식간에 1만여 명이 넘으면서 무한한 잠재력이 예견되었다. 2011년에는 아이폰과 아이패드용 앱을 내놓아 스마트폰 사용자들에게 사진 게시욕구를 자극하는데 성공하여, 다음해에는 1천만 명을 넘어서는 가파른 상승세를 보여줬다.

## 2) 운영형태

공통 관심사를 가진 사람들을 찾는 것. 핀터레스트는 이미지 기반의 SNS이다. 사용자들이 웹서핑을 하다가 관심있는 것을 핀보드에 올려놓아 취미와 관심사가 같은 사람들끼리 모이게 되는데, 이러한 부분이 인스타그램과의 차이점이다. 인스타그램을 앨범이라고 보면 핀터레스트는 일종의 스크랩북으로 비유할 수 있다. 이 때문에 사람들은 핀터레스트를 욕망과 미래를 담는 플랫폼이라고 한다.

이렇게 어떤 특정한 주제에 맞는 SNS로 미술과 디자인 계통을 선호하는 사람들이 많이 모이기 때문에 외국에서는 뷰티와 패션업계를 위주로 핀터레스트를 많이 활용하고 있다.

### 3) 운영현황

2017년 핀터레스트는 1억5천만 달러(한화 약 1,680억 원)의 신규 투자를 유치했다고 밝혔다. 또한 기업가치는 123억 달러(한화 약 13조7800억 원) 수준이다. 핀터레스트는 이 자금을 시각적 검색엔진 강화와 해외비즈니스 확장에 사용할 예정이라고도 발표했다. 2017년 새롭게 선보인 렌즈(Lens)는 스마트폰을 활용해 촬영한 사진 속 패션아이템을 인식하고 분석하는 이미지 검색도구이다. 또한 음식의 레시피 등도 렌즈를 통해 알 수 있게 될 것이라고 한다. 핀터레스트의 수익창출은 이미지 속 상품을 즉시 구매할 수 있는 Buyable Pins을 통해 수익을 내고 있다. 2015년에는 1억 달러(한화 1,120억 원), 2016년에는 3억 달러(한화 3360억 원), 2017년은 5억 달러(5600억 원) 매출을 올렸다. 시각 검색엔진의 기능이 강화될수록 전자상거래 규모는 더욱 커질 것이다. 또한 광고상품 다각화를 위해서 동영상 광고기술 개발에도 전념하여 2016년 첫 동영상 광고 모델을 출시했다. 이 또한 미래에 잠재적 핵심 비즈니스가 될 가능성이 높은 것이다.

## 8. 링크드인

### 1) 탄생배경

2002년, 리드 호프만(Reid Hoffman)과 알렌(Allen)은 전문가를 네트워크로 연결하겠다는 아이디어를 실현하기 위해서 구인서비스를 구축했다. 2003년 자신의 사비를 털어 링크드인 플랫폼을 만들어 공식서비스를 시작했고, 서비스 개시 일주일 뒤에 가입자 12,500명을 넘겼고, 4개월 뒤엔 5만 명을 넘어섰다.

원래는 1997년 설립된 식스디그리스닷컴(SixDegrees.com)의 이론인 '세상 사람은 6단계만 거치면 모두 연결될 수 있다'는 개념을 내세워 운영되었던 회사의 창업자인 앤드류 베인리치가 관련 특허를 갖고 있었으나 더 이상 운영되지 않았고, 링크드인은 2003년에 70만 달러에 이 특허를 취득했다.

창업당시 2003년은 닷컴 버블 붕괴로 인한 불황이 한창이었다. 그러나 링크드인 창업자 호프만은 오히려 경제 불황속에서 기업을 운영하는 것이 올바른 선택이라는 확신을 갖고 있었다고 말했으며, 불황속에서 자금 조달은 더 어려워 질 수 있지만 활로만 찾게 된다면 경쟁자를 이길 강점을 보유할 것이라고 믿었다.

### 2) 운영형태

링크드인은 자신의 프로필을 작성하면 전 세계로 이어진 네트워크를 통해 뛰어난 인재나 사업파트너를 찾는 비즈니스 교류의 플랫폼이다. 직장을 구하는 구직자는 취업을 할 수 있는 중요한 통로가 될 수 있고, 고용주는 적합한 인재를 찾는데 필요한 중요한 데이터가 될 수 있다.

링크드인은 무료 기본계정 외에 일반 비즈니스와 구직사용자 그리고 업무관계자용의 다양한 프리미엄 계정을 두고 있다. 물론 일반적인 교류나 전문가와의 네트워크 구축 같은 주요기능은 대부분 무료로도 이용가능하다.

무료로 제공하는 것은 링크드인의 기반인 사용자들의 프로필이 핵심자원이 되므로 이들의 정보가 퀄리티가 좋고, 구직자와 채용자 또는 광고주 사이에 네트워크가 더 견고해지면, 이탈률이 낮아져 매력적인 플랫폼이 될 수 있기 때문이다. 채용프로그램은 일정기간동안 링크드인 웹페이지에 채용공고를 낼 수 있는 권리를 판매하는 것이며, 마케팅 프로그램은 링크드인 웹페이지에 게재되는 디스플레이나 텍스트 광고를 의미한다. 이렇게 유료로 진행되는 프리미엄 회원에게는 이메일 업데이트기능과 프로필 통계기능 등을 제공한다.

링크드인은 구직자들을 채용시키는 채용자들과 광고주들을 위하여 온, 오프라인 영업팀을 구성하고 있는데, 유료회원은 전부 온라인으로 진행되는 반면, 채용과 광고부문의 솔루션 사업은 오프라인으로 이뤄지고 있다.

### 3) 운영현황

링크드인은 창업 후 3년여 만에 수익창출에 성공하였고, 2011년에는 사용자는 9,000만 명이었고, 상장기업의 반열에 올랐다. 2014년에 링크드인은 200개국 이상에서 2억2500만 명을 거느린 대형 SNS가 되었으며, 시가총액은 180억 달러에 달한다.

2016년에 마이크로소프트사가 링크드인을 262억 달러(한화 약 30조8천억 원)에 인수하였다. 이는 마이크로소프트 역사상 가장 큰 거래였으며, 링크드인 공동창업자이자 이사회 회장으로 있는 리드 호프먼 및 이사회의 만장일치로 합병이 결정되었다. 인수 후에도 링크드인의 브랜드와 기업문화, 그리고 독립운영체제를 유지할 것이라고 했다. 직원들 역시 일상업무와 직책을 그대로 유지하며, 당시 링크드인 CEO인 제프 위너도 사장직을 연임하였다.

## 9. 그루폰

### 1) 탄생배경

국내 소셜커머스(쿠팡, 티몬, 위메프 등)의 최초 근원지는 바로 그루폰이다. 2008년 미국 시카고에서 평범한 청년 창업자 앤드류 메이슨은 웹디자이너로 일하다 '더 포인트'라는 사이트를 만든다. 이런 사이트를 만들게 된 배경에는 메이슨이 휴대폰 계약을 해지하려고 대리점에 방문했는데 여러가지 이유로 계약해지 하는데 많은 불편함을 겪어서 그는 개인들이 모여서 단체행동을 하면 더 쉽게 기업과의 문제를 해결할 수 있지 않을까라는 생각을 하게 되어서다. 그러나 '더 포인트'는 사회공헌 목적으로는 분명히 좋은 플랫폼이었지만, 서비스 이용자가 늘어나고 규모가 커지면서 운영비용에 대한 고민을 하지 않을 수 없게 된다. 그리하여 태어난 것이 바로 '그루폰(Groupon)'이다. 명칭의 의미는 '그룹(Group) + 쿠폰(Coupon)'을 합한 것이다.

### 2) 운영형태

단체(group)의 힘은 대단했다. 상품이나 서비스(레스토랑, 공연, 스파이용권)를 일정 규모의 사람들이 구매하면 정가의 50~90% 할인을 받을 수 있어 소비자들은 대단히 뜨거운 반응을 나타냈다.

소비자들은 사람들의 참여정도를 보고 좋은 상품을 선택할 수 있었고, 상품을 판매하는 측에서는 손익분기점을 고려해서 손해를 보지 않는 선에서 대량거래를 이끌어 낼 수 있다는 것이 장점이 있었다. 한때 소비자와 판매자들이 몰리면서 상품등록을 위해 몇 개월씩 기다려야

하는 일도 벌어졌다.

소비자들은 그루폰에서 판매상품 정보나 서비스 정보를 입수하여 자신의 소셜 네트워크 친구들과 정보를 공유하고 참여하여 원하는 바를 이뤘다. 소비자들이 입소문과 소셜 네트워크를 통해 자동으로 홍보를 해주니 업체에서는 큰 비용을 들이지 않고 홍보효과를 누릴 수 있다. 그루폰에서는 소비자들의 입소문을 계속 유도하기 위해 회원마다 고유추천링크를 부여하고 해당 링크를 통해 거래했을 때, 첫 구매에 대해 10달러의 인센티브를 제공했고 위젯을 통해 유입된 고객이 구매하면 이를 홍보한 소비자에게 구매금액의 15%를 커미션으로 지급하기도 했다.

그루폰의 수익은 판매수수료와 업체광고비가 주 수익모델이며, 평균 거래금액의 20% 정도였다.

## 3) 운영현황

그루폰은 구글이 60억 달러(한화 약 6조7800억 원), 야후가 20억 달러에 인수제안을 했으나 그루폰은 단번에 거절했다. 그리고 2년 후, 전 세계 44개국 500여 도시에 진출하여 5천만 명 이상이 이용하는 등 연매출 10억 달러 이상의 거래량을 보이며, 2011년 기업공개로 기업가치 160억 달러의 회사가 되었다. 경제전문지 포브스는 '세계에서 가장 빠르게 성장하는 기업'으로 그루폰을 꼽았다. 그런데 이렇게 승승장구 하던 그루폰이 안타깝게도 기업공개 후 6년 만인 2017년에 기업가치가 10분의 1로 하락하는 상황에 처해지게 되었다.

그루폰 부진의 원인을 분석해 보자.

(1) 미국의 증권사인 UBS증권의 에릭 세리단 전략가는 "구글과 페

이스북등 거대기업들이 경쟁이 치열해 그루폰의 경쟁력을 떨어뜨린다"
고 말했다.

(2) 많은 경제학자들은 그루폰의 핵심 운영형태인 소셜커머스 자체
에 의구심을 갖고 있었다.

(3) 미국 펜실베니아대 와튼스쿨 에릭 클레먼스 교수는 다음 세 가
지 조건을 충족하지 못해서 그루폰에 위기가 왔다고 말했다. "첫째,
판매자가 기존시장에 존재하지 않는 탁월한 신제품을 가지고 있을 경
우. 둘째, 판매자가 50%에 육박하는 할인을 지속적으로 견딜 수 있는
생산능력을 보유했을 경우. 셋째, 그루폰이 새로운 구매자를 대거 유
치할 수 있는 영향력 있는 소비집단을 연결해줬을 경우다."

그루폰은 세 가지 중 한 가지 조건도 갖추지 못해서 지금 위기에
처해 있다는 것이다. 다시 설명하면, 50%할인된 가격으로 제품이나
서비스를 이용하던 소비자들이, 할인행사가 종료된 이후 정가로 회복
이 되면 구매를 안 한다는 것이다. 판매자는 손해를 감수하고 낮은 가
격에 제공을 했으나 더 이상 정가에 제품을 판매할 수 없는 상태가
되어버린 것이다.

(4) 소셜딜을 통한 이용고객들의 불만 접수가 늘었다. 즉, 서비스
품질이 떨어져 신뢰를 잃었다는 것이다.

(5) 할인제도가 이미 있었던 제도를 온라인으로 옮긴 것뿐이다. 즉
1960년대부터 기존 잡지나 신문에 할인쿠폰이 있었는데, 이것을 인터
넷을 이용한 웹이나 앱으로 옮겨온 것에 불과하다는 것이다.

## 4) 교훈 및 개선방향

기존의 사업 아이디어를 단순히 온라인이나 모바일로 옮겨와 확장

한다고 해서 반드시 좋은 비즈니스모델이 되는 것은 아니다.

　미국 펜실베니아대 와튼스쿨 에릭 클레먼스 교수는 이전까지는 네트워크 효과9) 덕분에 사용자가 많아지면서 서비스가치가 높아진다고 생각해왔는데, 최근 소비자들의 네트워크 효과는 연령별, 지역별 등으로 세분화해서 움직인다고 한다. 이를 '소비자들이 변덕스러움'으로 표현한다. 나와 직결된 30~40명의 페이스북 친구들은 아주 가깝다고 생각하는데, 나와 무관한 수백 명은 의미 없다는 얘기다. 이렇게 네트워크 효과는 일정의 규모를 넘어서면 오히려 독이 된다고 한다. 예를 들자면, 10대가 주로 사용하는 플랫폼에 네트워크가 성장해 60~70대가 이용한다면 10대들은 그 플랫폼을 이탈한다는 것이다. 결국 성공한 플랫폼 비즈니스로 갈려면 주요 타겟층에 따라 매출을 다변화해야 한다.

---

9) 이용하는 수요자가 늘면 해당 제품이나 서비스의 가치 역시 변하게 되는 효과 (SNS상에서는 이용고객이 늘어날수록 해당 SNS매체의 파급력이 비례적이 아니라 기하급수적으로 늘어난다는 연구결과기 있다.)

## 10. 도그베이케이

### 1) 탄생배경

2011년 도그베이케이(DogVacay)를 설립한 아론 허쉬혼(Aaron Hirschhorn)은 사람들이 장기간 휴가나 출장 때 키우던 애완견을 보살펴줄 믿고 맡길만한 곳이 없었던 경험을 살려서 직접 다른 사람들의 애완견을 돌봐주는 서비스를 시작했다가 폭발적인 반응에 힘입어 애완견 주인과 돌보미를 연결해주는 서비스를 시작했다.

애완견을 키우는 사람이 며칠씩 집을 비울 경우 애완견을 맡길 곳을 찾기가 쉽지 않을 수 있다. 더구나 집에 혼자 남겨진 애완견은 사료도 챙겨줘야 하고, 목욕도 시켜줘야 하고, 산책도 시켜줘야 하는 데 이러한 부분을 주변사람에게 부탁하려고 해도 부담이 되고, 안심도 안 되고 또한 부탁받는 사람도 부담이 될 수 있다. 그렇지만 도그베이케이 서비스를 둘러보면 자신의 애완견을 믿고 맡길 곳을 손쉽게 찾을 수 있다.

### 2) 운영형태

서비스 운영은 우편번호나 주소를 사이트에서 입력하면 해당 위치 주변의 시터(sitter, 돌봐주는 사람)를 검색해서 보여준다. 검색된 시터를 선택하면 시터의 프로필 사진과 그동안 돌봐온 애완견의 사진과 서비스를 사용한 사용자들의 후기를 볼 수 있다. 또한 시터의 주거형태와 요금, 그리고 돌보미가 가능한 동물의 사이즈나 나이 등도 표시되어있어서 나에게 맞는 시터를 선택해서 서비스를 의뢰할 수 있다.

만일 장기간 의뢰할 경우에는 매일매일 애완견의 상태를 촬영해서 보내주기 때문에 안심할 수 있다.

도그베이케이는 애견 한 마리를 맡기는 하루 평균 비용은 3만2천원이고, 돌보미 서비스의 가격은 1일 25달러로 권유(평균비용의 약 85%)하고 있다. 나머지 15%는 도그베이케이가 수수료로 가져간다.

## 3) 운영현황

도그베이케이 서비스는 미국을 중심으로 시작되어 전 세계 약 3천 개의 도시로 서비스를 확장하면서 사업성을 인정받고 있다. 최근 도그베이케이를 통해 거래된 돌보미 서비스는 100만 건을 넘어섰는데, 이 중 90%가 최근 18개월 내에 이뤄진 것이라고 한다. 그만큼 서비스가 빠른 속도로 증가하고 있다는 뜻이다. 이 같은 성장세에 힘입어 도그베이케이는 지금까지 5차례에 걸쳐 4,700만 달러를 펀딩받았는데, 마지막 라운드 투자가 이뤄진 지난해 11월에 무려 2500만 달러를 투자받았다.

2017년 3월에 경쟁업체 로버(Rover)가 도그베이케이를 인수했고, 창업자 허쉬혼은 로버의 이사로 재직하고 있으며, 도그베이케이 직원은 모두 로버로 이전했다. 이로 인해 로버는 도그시터 중 가장 큰 네트워크가 될 수 있도록 힘을 합쳤고, 애완견의 돌보미 서비스를 찾는 사람들에게 더 넓은 범위의 지역에서 더 많은 옵션을 제공하고 있다.

## 11. 야놀자

### 1) 탄생배경

창업자 이수진 대표는 모텔 청소부에서 국내 최대 숙박공유형 플랫폼인 야놀자의 스타트업 대표가 되었다. 모텔의 총지배인까지 고속승진한 이수진 대표는 당시 모텔정보를 공유하기 위하여 숙박업 종사자들의 커뮤니티 카페를 개설했는데, 카페가 번창하여 회원수가 1만 명에 이르는 전문 커뮤니티 카페로 성장하자 이를 기반으로 숙박업 구인구직과, 모텔 관련용품을 중개하는 사업을 시작하게 되었다.

온라인 커뮤니티 기반의 사업을 시작하게 된 그는 숙박업 종사자가 아닌 이용자를 중심으로 한 숙박업소 이용후기 카페를 만들어 운영하기 시작했다. 소비자에겐 숙박정보를 제공하고 숙박업주에게는 운영의 노하우를 알려주는 커뮤니티로 그동안의 노하우를 바탕으로 크게 성장하여 2005년 야놀자가 탄생하게 되었다.

그러나 사람들의 편견 즉 모텔이라는 이미지가 한국에서는 그렇게 좋은 이미지가 아니라는 인식이 있었고 이러한 편견을 깨기 위해서 야놀자는 여가, 즉 노는 문화를 정립했다. 좋은 숙박 캠페인을 통해 모텔의 안 좋은 편견을 깨고자 안전, 편리, 감동, 청결, 합리적 가격이라는 영역에서 혁신을 이루고자 꾸준히 도전하고 있다.

### 2) 운영형태

야놀자를 이용하려면 먼저 사용자가 야놀자 앱을 스마트폰에 설치해야 한다. 이후 숙박이 필요할 경우 야놀자앱을 실행하여 바로 예약을 하고 결제를 하면 이용할 수 있다. 야놀자 운영업체는 이 앱을 통해서 거래가 이루어지는 가격의 10%의 수수료를 수익원으로 한다.

야놀자는 창사 이래 최대 규모의 업데이트를 실시했는데, 앱의 홈화면을 고객이 숙박유형을 골라서 사용할 수 있도록 선택형 인터페이스로 변경했다. 즉 상단영역에서 현재 진행중인 지역의 축제, 이벤트 혜택부터 맛집, 여행코드 등 타임 콘텐츠를 제공하고, 하단에는 반경 3km 이내의 숙소 소개, 같은 지역 숙소정보를 추출한 지름길 서비스 '숏컷탭' 등 위치기반 기능을 추가했다.

또한 숙소예약 기능도 통합되어 기존에는 모텔, 펜션, 호텔 등 숙소 종류에 따라 여러 앱을 오가면서 이용했는데 이를 통합하여 한곳에서 모든 과정을 처리하도록 했다.

## 3) 운영현황

야놀자는 2005년부터 2017년까지 총 누적 투자유치 금액은 1,110억 원에 이른다. 야놀자는 2015년 파트너스 인베스트먼트의 100억 원 투자유치를 시작으로 2017년 사모펀드운용사인 스카이레이크로부터 국내 스타트업 중에서 최대 규모인 600억 원을 투자받은 바 있고, 아주IB투자주식회사에서 200억 원을 투자받아 2017년에만 총 800억 원을 투자받았다. 야놀자는 투자유치를 통해서 사물 인터넷, 인공지능 등 공간 혁신 기술을 활용해 미래 산업의 경쟁력을 확보한다는 전략을 세우고 있으며, 글로벌 혁신 서비스로 도약하기 위한 연구개발 역량을 강화하는데 집중할 계획이라고 한다. 야놀자는 2016년 대비 2017년에 86% 이상 성장한 682억 원의 매출을 달성했으며, 각 사업부문이 고른 성장으로 숙박 O2O업계 최초로 1000억 원 이상의 매출을 기대하고 있다.

참고로 야놀자는 야놀자앱을 필두로 하여 '야왈바'(중국인 자유여행객을 위한 국내 최초의 숙박예약서비스), '야놀자 바로예약'(빈 객실이 있는 숙소만 모아서 할인된 가격으로 제공하는 어플리케이션), '야놀자 펜션'(국내 최다인 전국 5,000여개의 펜션을 예약할 수 있는 서비스), '호텔나우'(국내 최초의 당일 예약서비스로 호텔의 빈 객실정보를 실시간으로 제공하는 예약플랫폼), '야놀자 숙박프렌차이즈'(실속형 숙박에서부터 프리미엄 신축 관광호텔까지 국내 최대 규모인 전국 125개의 가맹점을 보유), '숙박업 전문 경영지원서비스'(호텔업, 야놀자 평생교육원, 현장 튜터링서비스, 야놀자 스마트 프런트, 야놀자TV 등의 서비스), '콘텐츠 서비스'(2030세대를 타겟으로 모바일 특화컨텐츠 제공, 야놀자 페이스북, 놀아보고서, 캠페인) 등 다양하게 확장된 비즈니스 영역을 운영중이다.

## 12. 필웨이

### 1) 탄생배경

대한민국의 중고 명품거래 플랫폼의 대명사 '필웨이'. 회사명은 ㈜ 감성이다. 대표 김종성은 2002년에 자본금 5,000만원으로 설립하여 지금까지 단 한 번도 외부투자를 받지 않고 운영하고 있다.

창업자 김성종 대표의 친동생이며 현재 필웨이의 기술혁신팀장을 겸하고 있는 김성진 이사는 필웨이의 힘을 'Look&Feel'. 즉, '단순함' 과 '직관성'으로 표현했다. 이러한 회사의 창업이념을 대변하듯 필웨이는 사이트 오픈 이후 가장 리뉴얼이 적었던 사이트 중 하나이다. 사이트를 시작할 때부터 플래시와 같은 동적인 이미지를 금지하고 단순하고 깔끔한 이미지를 만드는데 집중해왔다. 즉 물건을 파는 고객이나 사는 고객이나 가장 쉽게 사고 팔 수 있도록 하는데 초점을 맞추었다.

필웨이는 커뮤니티 기반의 쇼핑몰 모델을 독특하게 정립시킨 사례로 주목을 받고 있다. 대부분의 쇼핑몰가 상품의 DB와 많은 셀러(판매자)들의 숫자로 형성되는데 필웨이는 매우 독특한 커뮤니티 운영시스템을 바탕으로 다른 업체들이 쉽게 넘보기 어려운 지위를 확보하고 있다.

### 2) 운영형태

필웨이의 강점은 오히려 불친절하다는 역설적인 표현을 한다. 물건을 대량으로 판매하는 VIP나 당일 가입해서 급하게 소장하고 있는 물건을 팔려고 하는 개인판매자를 필웨이는 똑같은 대접을 한다는 것이다. 국내에서 운영되는 오픈마켓들처럼 광고비를 받고 노출을 더해준다거나, 순위를 조정해 준다는 것은 허락하지 않는다. 필웨이는 항상 중립적인 입장을 유지해야지만 가장 정확한 정보를 제공해 줄 수 있다고 믿는다. 필웨이의 자의적 판단이 들어가는 순간 사이트의 투명성과 생명력이 훼손된다는 입장이다. 이렇게 중립성을 추구하는 것은 명품거래 사이트의 신뢰도를 유지하기 위함이다. 명품이라는 제품의 특성상 가품논란, 가격 거품논란을 피할 수 없기 때문에 필웨이는 다양한 방법으로 고객신뢰도를 쌓기 위해 노력하고 있다.

필웨이의 운영형태는 명품 지식서비스를 활용하는 방법인데, 이를테면 명품 구매예정자가 제품사진을 올리고 가품 여부를 물어보면 여러 명의 전문가들이 판단을 해주는 일정의 커뮤니티 서비스다. 이러한 서비스가 고객들에게 큰 호응을 얻어 많은 명품구매자들이 탄생했고, 고객신뢰도 상승에도 크게 기여했다.

또한 이러한 신뢰도구축을 위해 명품판매자들에게 엄격한 잣대를 적용했는데, 만일 가품일 경우 2배 보상이라는 서약을 하고 판매하도록 하며, 제품등록에서부터 구매확정에 이르기까지 전 과정을 필웨이에서 별도의 팀을 구성해 과정을 모니터링 한다.


## 3) 운영현황

필웨이의 지분은 김종성 대표이사가 45%의 지분을 소유하고 있고, 친동생인 김성진 이사가 45%를 소유하고 김은정 5%, 양금옥 5%를 소유하여 전체 가족이 지분을 전부 소유하고 있다.

필웨이 사이트에서 거래중인 명품아이템은 80만 건에 이르고 회원은 오래전에 이미 100만 명을 넘어섰다. 필웨이의 수익은 판매수수료인데 100만원 이하는 거래금액의 7.9%를 수익으로 하고, 100만원이 넘을 경우 기본 100만원에 대한 7.9% + 초과금액에 대해서 5.9%를 수익으로 한다.

2012년, 122억 원 매출에 40억 원의 영업이익을 냈고, 2013년에 130억 원 매출에 34억 원의 영업이익을 기록하고 있으며, 부채가 전혀없이 보유한 현금성 자산만 약 80억 원에 달하는 우량한 회사이다.

# 13. 크몽

## 1) 탄생배경

'크몽' 창업자 박현호 대표는 개발자로 두 번의 창업실패로 빚을 지고 지리산 은둔생활 시절 우연히 발견한 외국서비스(Fiverr)를 보고, 자신이 하지 않으면 후회할 것 같아서 크몽을 창업했다고 한다. 파이버는 이스라엘의 플랫폼인데 $5에 소규모 일을 거래하는 온라인 마켓이다. 크몽은 2011년부터 시작되었다.

## 2) 운영형태

세상에 모든 사람들은 저마다 훌륭한 재능을 가지고 있고, 이러한 재능들이 어떤 사람들에게는 아주 필요한 것이 될 수도 있다. 이것을 무료나눔을 하거나 일정금액을 받고 그러한 재능을 거래할 수 있게 해주는 플랫폼이 바로 크몽이다. 기본거래 콘텐츠는 5,000원인데 추가옵션이 붙으면 가격이 증가한다. 일반적으로 재능은 문서작업, 프로그램작업, 외국어 번역, 예술, 기술 등 다양한 분야가 있다. 경력단절 여성이나 은퇴한 전문가, 직장인부업, 대학생 아르바이트 등 다양한 분야에 있는 사람에게 일자리를 제공하며 경쟁에 의한 합리적인 가격으로 고품질의 서비스를 제공할 수 있다.

재능을 판매하는 방법은 자신의 프로필을 작성하고, 자신이 갖고 있는 재능을 등록하고, 그에 따른 가격을 직접 책정하여 등록하면 재능판매가 시작된다. 반대로 어떤 도움이나 기술 및 재능이 필요한 사람은 크몽의 카테고리에서 찾아보고 원하는 재능을 찾으면 주문접수를 하고 결제를 한다.

크몽의 주요 수익은 재능판매자와 재능구매자 간의 거래중개 수수료인데, 거래가 성사되면 수수료 명목으로 20%를 수취한다. 또한 판매자와 구매자의 직거래를 유도하는 것이 아니고, 중개역할을 하여 구매완료 결정이 날 때까지 입금액을 보유하고 있다가 구매완료가 되면 판매자에게 수수료를 뺀 금액을 결제10)한다.

### 3) 운영현황

2016년 누적거래액 100억을 달성하고, 2017년에 200억을 돌파했다. 100억을 달성하기까지는 5년이 걸렸지만, 200억을 달성하는 데는 8개월 밖에 걸리지 않아 급속한 성장을 하고 있다. 이는 크몽 서비스 이용자 저변이 급속하게 확장되고 있다는 것을 반증하는 것이다. 크몽의 2017년까지의 누적 투자유치금액은 37억 원이다.

---

10) 에스크로 결제서비스

## 14. 쏘카

### 1) 탄생배경

2011년 김지만 대표가 포털 다음의 경영기획본부에서 근무할 당시 다음의 제주이주 프로젝트를 진행할 때였다. 제주생활을 이어가던 어느 날 김대표도 업무상 차를 써야했고, 아내도 차를 써야하는 일이 생겼다. 이때 김대표는 필요할 때 몇 시간만 쓸 수 있는 차가 있으면 좋겠다는 생각이 들었다. 렌트카 업체의 차량들이 성수기엔 바쁘게 움직이지만, 비수기엔 24시간 멈춰 서있는 것에 착안하여 생각한 것이 주차장에 서있는 자동차를 움직이게 하자였다. 즉 기존의 차를 소유의 개념으로 갖고 있던 것을 공유개념의 대상물로 생각하게 되었다.

### 2) 운영형태

쏘카(SOCAR)는 이용시간을 분단위로 쪼개서 사용할 수 있고, 이용할 때 내는 사용료도 합리적인 과금시스템으로 되어있어 젊은층의 입소문을 타고 알려지게 되었다. 내가 차를 이용한 만큼만 사용료를 내면 되는 시스템이라 기존의 날짜별로 사용하는 렌트카와는 차별화가 된 것이다. 게다가 내가 살고 있는 지역의 주변에 5~10분 거리에 차가 있어서 모바일로 예약하고 24시간 365일 언제든지 필요한 시간만큼 이용할 수 있다는 것이 큰 장점이다.

또한 이용자를 쏘친(쏘카친구)이라 부르며 이용자 커뮤니티를 친근하게 활성화 시켰는데 나눔, 공유의 경험을 스마트 세대와 소통하며 즐거움을 느끼고, 이용팁이나 매너를 공유하게 하면서 커뮤니티를 활성화시켜 운영하고 있다.

쏘카는 분단위로 렌트할 수 있는데, 최소 30분부터 10분 단위로 렌트할 수 있는 서비스이다. 기타 연회비나 보험료는 받지 않고 기본 사용료에 보험료가 포함되어 있는 형태이다. 또한 차량의 렌트요금은 차종에 따라 기본 1050원부터 2880원까지 다양하게 구성되어 있고, 주행요금도 차종에 따라서 Km당 180원에서 250원까지 구성되어있다. 쏘카의 주요 수익원은 고객으로부터 받은 렌트요금 및 주행요금이고, 고객이 차량을 파손했을 경우 내는 벌금까지 수익원이 된다.

### 3) 운영현황

쏘카는 처음부터 소셜벤처투자회사인 '소풍'에서 투자를 받아 설립된 회사다. 소풍은 2008년 설립된 벤처회사인데 포털사 '다음' 출신 멤버들이 주요 구성원이며, 다음 창업자 이재웅이 대주주로 있는 곳이다. 쏘카는 2014년 세계적인 미국의 투자기업인 베인캐피탈로부터 총 180억 원의 투자유치(시리즈A[11])를 성공했고, 이는 국내 스타트업 사상 최대 규모의 금액이다.

2015년에는 SK 590억 원, 베인캐피탈 60억 원 등, 총 650억 원 규모의 시리즈B 투자유치에 성공했다. 쏘카는 이번 투자유치로 3,000억 원의 기업가치를 인정받았으며 SK는 쏘카 지분 20%를 확보했다. 처음에 10명 내외의 직원으로 시작되었는데 3년도 채 되지 않아 65명으로 늘어났고, 운영차량도 초기 100대에서 2017년 기준 6,500대

---

11) 벤처캐피털에서 스타트업에서 투자하는 자금 중 '시드머니' 다음으로 시행하는 자금. 정식제품 또는 서비스를 런칭하기 위한 자금. 이후 마케팅을 위한 시리즈B, 상용화 및 확장을 위한 시리즈C 등으로 이어진다.

가 넘는 굉장한 속도로 성장하고 있다.

쏘카의 매출추이는 2015년 487억 원이 넘고, 2016년 매출 907억 원 대비 영업손실은 212억인데 외형적인 성공에 비해 영업손실이 일어나는 이유는 차량투자 회수시기가 도래하지 않아서 그렇다는 설명이다. 쏘카 내부적으로 차량에 투자한 금액의 회수기간을 3년으로 보고 있어 2018년을 기점으로 손익분기점을 넘을 것으로 예상하고 있다.

# 15. 온오프믹스

## 1) 탄생배경

2010년 온오프믹스를 창업한 양준철 대표는 "직장생활 때 여러 행사를 다녔는데 매번 주최하는 곳에서 회원가입을 하고 참가신청을 하는 것이 불편했고, 행사를 알리는 사이트를 만들기 위해 시간과 비용을 투자하는 것도 불합리하다고 판단하여 온오프믹스를 창업하게 되었다"고 한다.

온오프믹스가 잘 알려지게 된 것은 평화재단 주최로 2011년 열린 희망공감 청춘콘서트이다. 당시 젊은 층 사이에서 인기가 높았던 안철수와 박경철이 나오는 행사의 전국 관객모집에 온오프믹스를 이용했고, 이후부터 알려져 회원수가 급증했다.

## 2) 운영형태

온오프믹스 소모임부터 전시, 세미나, 프로그램 방청 등 대규모 이벤트까지 다양한 모임의 개최와 운영을 지원하는 모임문화 플랫폼이다. 모임 참석자는 관련 정보를 제공받을 수 있고, 모임 주최자는 장소예약, 행사물품 구매 등 모임 개최에 필요한 일련의 과정들을 보다 편리하게 진행할 수 있다.

온오프믹스의 주요 수익원은 유료행사등록에서 발생하는 수수료가 있고, 모임홍보를 위한 광고에서 얻는 광고료, 모임개설자들이 이용하는 부가서비스 사용료, 모임노출 순위에 따른 수수료, 홍보메일링에 대한 비용수취를 통해 수익을 창출하고 있다.

모임주최자들이 온오프믹스에 등록된 장소를 지속적으로 사용한다는 점에 착안하여 여러 행사를 주최하는데 필요한 장소를 대관해주는 곳과 파트너십을 확장할 필요성이 대두되었다. 하여 온오프믹스는 한국경제인연합회, SK텔레콤, 한국콘텐츠진흥원, 통일부, 블로그 산업협회, 한국패션협회 등 여러 기관과 기업들과의 행사주최 경험을 살려 적극적인 파트너십을 형성해가고 있다. 또한 온오프믹스는 모임을 등록한 참석자 신청뿐만 아니라, 대기자관리까지 하고 있으며, 행사소식을 알려 참가자를 모으며 표를 판매하고, 장소대관 및 물품 판매업체 연결 등 모임과 관련된 모든 프로세스를 온오프믹스의 제휴업체들과 협력하여 진행하고 있다. 2017년 4월 기준 9만 7천여 개의 크고 작은 모임이 온오프믹스를 통해 개최되었다.

### 3) 운영현황

온오프믹스는 2010년 창업당시 프라이머(창업가들의 DNA를 전달하고 복제하여, 후배 기업가들의 성공을 돕는 스타트업 엑셀러레이터)로부터 2,500만원을 투자받고, 2012년 D.Camp(은행권 청년창업재단)을 통해 1억 원을 투자받았으며, 2016년에는 온오프믹스는 회사의 지분을 걸고 일반투자자모집을 시작했는데 오픈트레이드를 통해 크라우드펀딩을 진행한 목표펀딩액 7억 원을 15일 만에 성공적으로 마감했다. 온오프믹스는 설립한지 6년밖에 안된, 성공사례가 없는 플랫폼 스타트업을 하겠다고 나섰기 때문에 기관 투자자들에게 쉽게 어필할 수 없을 것이라 판단하여 크라우드펀딩 회사로 진행한 것이다.

이후 쿨리지코너인베스트먼트가 온오프믹스에 6억 원을 투자하며, 전환상환우선주(RCPS) 1948주 가량을 인수했다. 온오프믹스는 이렇

게 크라우드펀딩을 통해 모집한 금액을 기반으로 해서 시스템강화를
위한 연구개발투자와 영업 및 브랜드 강화에 나서고 있다.

## 16. 배달의민족

### 1) 탄생배경

2010년 네이버출신 김봉진 대표와 그의 엔지니어 친형 등 6명이 모여 시작한 회사, '우아한 형제들'

당시엔 이미 '배달통'이 사용자위치기반으로 배달가능한 음식점 정보를 제공하는 서비스를 세계 최초로 선보였고, 이후 2011년 '배달의민족'이 등장했으며, 2012년 또 다른 배달앱 '요기요'가 만들어졌다. 하여 배달의민족은 초기선점효과가 없었으며, 시작은 회사이름처럼 우아하지 않았다.

김 대표 지인의 공간을 두 평 빌려 책상을 만들고 6명이 모여 앉아 회의를 하곤, 바로 흩어져 아파트경비실과 재활용센터에 쌓여있는 전단지를 수거하여 연구하는 등, 6명이 발품을 팔아 전단지가 아닌 스마트폰에서 간단히 검색할 수 있는 플랫폼 시스템을 만들며 지금의 배달의민족 앱을 탄생시켰다.

### 2) 운영형태

배달의민족 앱은 기존의 음식 배달주문 방식보다 아주 편리한 환경을 제공해준다. 과거엔 음식을 주문하기 위해서 전단지를 모아서 원하는 음식이 있을 때 일일이 찾아서 주문전화를 해야 하는 번거로움이 있었다. 이런 불편을 배달의민족은 간단하게 앱에서 원하는 음식의 주문을 할 수 있도록 하는 이른바 '모바일 어플리케이션 플랫폼'이다. 음식점 입장에서는 전단지를 만들어서 배포하지 않아도 되고, 그만큼 홍보효과가 보장되기 때문에 고정비용을 절감하는 효과가 있다.

배달의민족의 과거 수익구조는 모바일 결제수수료와 월 광고비, 이 2가지로 운영됐다. 그러나 2015년에 모바일 결제수수료를 폐지하였고 매출감소 우려가 컸음에도 배달의민족은 흑자를 기록한 O2O 기업으로 자리매김했다.

### 3) 운영현황

2011년 1억8천만 원의 자본금으로 시작으로 우아한 형제들의 배달의민족 앱은 현재 700명에 달하는 직원이 근무하고 있으며, 전체 매출액도 해마다 상승하고 있다. 2014년 291억 원, 2015년 495억 원, 2016년 849억 원의 매출을 올렸다. 주문 건수도 2014년 520만 건, 2015년 700만 건, 2016년 1100만 건, 2017년 1700만 건을 돌파하며 지속적으로 상승하고 있다.

누적 투자유치금액은 네이버의 350억 원을 포함해 총 1,463억 원으로 늘었다. 우아한 형제들은 2010년 배달의민족 창업 이래 2014년 골드만삭스로부터 400억 원, 2016년 아시아 투자펀드 힐하우스 캐피탈로부터 570억 원 등 대규모 투자를 유치한 바 있다.

우아한 형제들은 '수수료 없는 배달앱' 배달의민족을 비롯, '프리미엄 외식배달 서비스' 배민라이더스, '모바일 넘버원 반찬가게' 배민찬을 운영하고 있다.

## 17. 꾸까

### 1) 탄생배경

'꾸까'는 핀란드어로 '꽃'이라는 뜻이다. 꾸까는 이용자에게 구독형태로 꽃을 공급하는 서비스를 하고 있다. 꾸까의 박춘화 대표는 2008년 아모레퍼시픽에 입사 후, 회사에서 새로운 사업아이템을 직원들이 제시하는 기회가 생겨 사업기획력, 실행력을 인정받아서 2011년 벤처회사를 만드는 '로켓인터넷'에 합류하게 된다. 이후 박춘화 대표가 만든 회사는 화장품 구독형태 회사인 '글로시 박스'였다. 그러나 이 회사는 박춘화 대표 소유의 회사가 아닌 로켓인터넷 소속이었다. 그리하여 박춘화 대표는 자신의 회사를 만들기 위해 새로운 시장을 개척하다가 지난 수십 년간 큰 변화없는 화훼산업이었다. 그래서 2014년 1,000만원을 들고 자신의 회사를 창업했는데 그것이 바로 꾸까이다. 당시 개인사정상 자금이 충분하지 않아 30평 정도의 허름한 지하공간에서 직원은 프리랜서 플로리스트와 인턴으로 시작하게 되었다. 그의 예상대로 꾸까는 흑자를 기록하며 급격히 성장하기 시작했다.

### 2) 운영형태

꾸까의 운영형태는 일정한 시간 간격으로 고객을 대신하여 가장 신선하고, 상태가 좋은 꽃을 고르고, 전문 플로리스트가 부케나 꽃다발로 만들어서 고객에게 일시적 또는 정기배송 해주는 전문가 큐레이션 형태로 운영되는 플랫폼이다. 일반 소비자들은 꽃에 대해서 잘 알지 못하므로 중개자의 시점에서 전문가인 꽃 플로리스트가 신선하고, 상태가 좋은 꽃을 추천해주는 역할을 한다. 고객은 어떤 꽃이 배달될지 예상하지 못하는 상태에서 받게 되며, 받아볼 수 있는 꽃다발을 통해서 일상의 새로운 즐거움을 누릴 수 있다.

이러한 형태의 서비스를 '구독형태(subscription) 서비스'라고 한다.

꾸까의 수익은 꽃에 대한 구독형태 서비스를 이용하는 고객이 지불하는 비용이다. 일회성으로 받아보길 원하는 고객은 꾸까에서 'Just once 서비스'를 이용할 수 있고, 정기적으로 이용하고 싶은 고객은 격주로 꽃을 받아볼 수 있는데 이용하는 개월 수에 따라 할인율이 적용되어 더욱 저렴하게 이용할 수 있다. 꾸까는 전국에 신선한 꽃을 배송하기 위해 우체국과 제휴를 맺어 고객들은 항상 신선한 꽃을 받아볼 수 있게 하였다.

### 3) 운영현황

꾸까는 1,000만원으로 시작해 현재 투자받은 금액은 없다. 제안은 많이 들어오는데 사내 이사진의 토의결과, 투자를 받지 않기로 결정했다. 이유는 "투자를 받으면 그 순간부터 자본에 얽매여 일을 즐겁게 하지 못할 것 같고, 큰돈이 들어왔을 때 이 돈을 유지관리하는 데 감당이 안 된다"는 것. 사업 로드맵에서 외부에서 투자를 받아야 할 수준인지, 내부적으로 그냥 할 수 있는 수준인지 고심하다가 후자로 결론지은 것이다.

창업 3년 만에 업계 선두주자로 자리매김했으며, 월 4만 명의 회원 수를 거느리고 월매출 5억 원을 기록하고 있다. 프리랜서 플로리스트 1명과 인턴 1명으로 시작했지만 지금은 직원이 30여명이 되었다고 한다. 페이스북 팔로워만 28만 명이 넘는다.

## 18. 열린옷장

### 1) 탄생배경

'열린옷장'은 희망제작소라는 사회혁신 아이디어 모임에서 만나 2012년 설립된 스타트업이다. 열린옷장의 대표는 김소령과 한만일 공동대표이다.

경기가 어려운 상황에서 취업을 하려고 하는 사람들의 부담을 덜어 주고자 하는 생각으로 시작이 되었다. 청년 구직자들은 학비와 주거비 등 지출비용이 많아서 취업하기 위해 면접용 정장을 구입하는데 상당한 부담이 따를 수 있다. 이에 젊은 청년들의 도전을 응원하는 차원에서 공유경제를 기반으로 한 열린옷장이 탄생하게 된 것이다.

### 2) 운영형태

열린옷장은 단순히 옷만 빌려주는 개념에서 벗어나 소통을 부수적으로 이어가고 있다. 옷을 대여하는 사람과 기부하는 사람사이에 그 따스한 사연을 서로 공유함으로 따뜻한 온정이 담긴 사회적인 가치를 창출하는 시스템으로 운영되고 있다. 열린옷장에서는 대여시 소정의 이용료를 받는데, 정장 한 벌 대여하는 데 3박 4일 기준으로 2만 원의 이용료를 받는다. 보통 하루에 40~50명 정도 이용하고 시중의 의류 대여업체에서 받는 평균 10만 원대에 비하면 약 1/5의 저렴한 비용으로 이용할 수 있다. 또한 정장은 주로 기증을 받아서 운영되기 때문에 따로 지출되는 비용은 없다. 정장 사이즈 또한 다양하게 구비되어 있고, 유명인사나 연예인들이 기부하거나 유명브랜드에서 적극적으로 후원을 해주고 있다.

정장의 기부자는 홈페이지에 접속 후 간단한 양식을 작성하면 자신의 집으로 박스가 배달되어 옷에 얽힌 사연을 담아 정장과 같이 보내면 되고, 대여자는 열린옷장에 방문해 신체사이즈를 재고 정장을 대여하거나, 홈페이지에서 신청 후 대여료를 입금하면 옷이 배달된다.

## 3) 운영현황

열린옷장은 공유경제 개념으로 비영리단체 형태로 운영되고 있다. 수익을 내기 위한 경영이 아니기 때문에 수익환원장치로 '열린사진관'도 운영중이다.

홍대 '바라봄 사진관'이라는 비영리단체와 미용실이 함께 협업을 하고 있어서 5,000원이면 증명사진도 찍을 수 있다. 또한 자체기부활동도 하는데 '십시일반'이라는 무료급식단체에 매달 수익금에서 100만원씩 기부하여 2000명 정도가 식권을 받았다고 한다. 이렇듯 정장 공유사업뿐만 아니라 청년들의 부담을 줄여줄 수 있는 활동들을 찾아서하고 있다. 정규직원은 대표를 포함해서 10명 정도이다.

# 19. 카닥

## 1) 탄생배경

'카닥'의 이준노 대표는 자동차 매니아로 포털사이트에 자동차정보를 제공하는 카페를 운영하고 있다. 그는 국내포털업체인 다음(Daum)의 팀장이었는데 다음커뮤티케이션의 아이디어 육성조직인 '넥스트 인큐베이터스튜디오'에서 사내벤처로 탄생한 수입차 외장 수리중개서비스가 카닥의 시초다.

초기에는 수입차들을 타켓으로 했는데, 이유는 수입차 수리는 부품을 해외에 요청해야 하고 수리시간도 오래 걸리며 일반적으로 고객이 수입차 서비스센터에서 수리의뢰를 하는 경우보다 개인업체에 의뢰하는 경우가 많다보니 수리비용이 업체별로 천차만별이라 이러한 정보 비대칭을 해소할 수 있는 방법을 찾는 것에서 사업이 시작됐다. 즉, 수리 제휴업체들을 모집하여 수리의뢰자로부터 필요한 수리부분에 대한 사진 3장을 앱에서 업로드 하면 제휴업체들이 제각각 견적을 내주어 의뢰자들은 어떤 가격대가 적당한 수리비인지 알 수 있게 되고, 꼭 수리해야 할 부분도 알 수 있게 되며, 수리의뢰를 하는데 있어 쉽게 판단을 할 수 있도록 서비스하는 것이다.

카닥의 탄생은 2012년인데 공식적으로 서비스를 출시한 것은 2013년이다. 카닥 서비스를 출시하자마자 반년 만에 사용자수가 12만 명으로 늘고 견적건수는 월평균 3,000건을 넘었다. 출시 9개월만인 2014년에 다음에서 분사해 독립 벤처기업이 되었다.

## 2) 운영형태

견적, 수리의뢰자는 서비스를 이용하고 후기를 올릴 수 있는데, 이는 다른 사용자들에 있어서 더욱 신뢰성있는 정보를 준다. 이를테면, 특정업체의 기술 수준을 알 수 있고, 어떤 수리부분을 어느 정도 가격에 어느 정도의 만족으로 해결을 했는지 알 수 있다. 또한 서비스의뢰자가 원한다면 실시간으로 서비스업체와 채팅할 수 있도록 하여 수리업체와의 접근성을 높여 사용자들의 만족도를 높였다. 카닥이 이렇게 중개역할을 하다 보니 카닥에 입점한 입점업체들 중 매출이 3배나 늘어난 곳도 있다.

카닥의 또 한 가지 비즈니스모델은 애프터마켓이다. 제품판매 이후 부품을 교체하거나 제품의 정비 및 유지보수, 업그레이드 등 서비스 사업이 진행될 수 있는 새로운 장이 등장했다. 카닥은 초기 운영 시에는 수익모델이 없었으나, 시장의 반응이 뜨거워 유료화를 계획 중이다. 유료화를 하게 된다면 견적, 수리 의뢰자에게는 계속 무료로 서비스를 제공하고, 제휴업체만 수수료를 지불하는 형태로 서비스될 것이라고 한다.

## 3) 운영현황

2014년 1월 카닥은 다음청년창업펀드를 운용하는 동문파트너스와 본엔젤스 벤처파트너스, IDG 벤처스코리아로부터 총 10억 원의 신규 투자를 유치했다.

카닥은 투자금으로 기획, 운영, 마케팅 및 개발분야에 활용할 계획이며, 이용자 확대와 서비스 경쟁력 강화에 주력한다고 한다. 또한 카닥은 2015년에도 GS칼텍스로부터 신규투자유치를 받았으며 이번유치로 다음카카오와 GS칼텍스가 카닥의 양대 핵심주주가 됐다.

카닥앱은 2017년 기준 누적 다운로드 수 100만 건 이상이고, 입점 제휴업체도 300여 곳으로 확장되고 월 14억 원의 매출을 발생시켰다.

2018년에는 3M과 전략적 제휴를 체결하고 자동차 판금도장 보수 용품공급을 시작했고, 앞으로도 카 케어 제품까지 협력을 확대하여 자동차 애프터마켓에 양질의 제품을 공급하는 것을 목표로 하고 있다.

## 20. 집닥

### 1) 탄생배경

  '집닥' 대표 박성민은 인테리어 관련 업종에서 창업만 5번을 했는데, 현장에서 직접 경험했던 문제점과 고객이 느끼는 불편함을 잘 알고 있어 창업을 하게 되었다. 그러나 창업할 자본금도 없었고, 함께할 팀원이나 작업공간도 없었다. 그러던 중 SK플래닛이 운영하는 T아카데미 기획전문가 과정을 수강하면서 팀원들을 만나고 회사를 운영할 공간도 마련할 수 있었다. T아카데미에서 교육을 받으면서 멘토를 만났으며, 현재 집닥의 부대표도 멘토 중 한 명이며, 디자인 씽크, 사업정의, 팀운영 등의 교육을 받으면서 사업아이템을 구체화했다.

  집닥은 인테리어 회사들을 소개하고 인테리어 회사는 인테리어를 필요로 하는 고객을 만날 수 있게 해주는 O2O 플랫폼이다. 인테리어 부동산 중개 시스템인 것인데, 이를 어플리케이션과 웹사이트를 통해서 서비스하고 있다. 그러나 최종적으로는 오프라인 상에서 거래가 이뤄진다.

### 2) 운영형태

  인테리어 공사는 업체마다 가격이나 실력에서 많은 차이점이 있어 분쟁의 소지가 많은 분야다. 또한 고객과의 소통부재에서 충돌도 많이 발생하여 고객만족이 쉽지 않았다. 이러한 불편한 부분을 모두 점검하여 문제를 해결하는 것이 집닥의 최종목표이다.

  집닥은 인테리어 중개 서비스 최초로 시공 후 발생하는 하자에 대한 무상 A/S를 최대 3년간 제공하기로 했다. 또한 시공 단계별로 안전하게 대금이 지급되도록 에스크로 서비스를 제공하여 현장 책임관리제도를 도입하였다. 보통 인테리어 공사대금은 계약금, 중도금, 잔금 이렇게 구분 되는데 공사 이후에 인테리어에 만족을 하지 못한 고객이 잔금을 지불하지 않는 경우가 종종 발생한다. 그럼 인테리어 업체도 손해를 감수해야 하는 상황이 생긴다. 집닥에서는 이런 부분을 보완하기 위해 고객으로부터 미리 인테리어 대금을 결제받아 고객이 만족하면 단계별로 대금을 지급하여 고객과 인테리어 업체와의 의견을 조율하여 상호 원-원하는 전략을 펴고 있다. 이렇게 관리감독을 철저히 해서 인테리어가 완성되면 고객들은 믿음이 생겨 추후 다른 사람들에게 소개하면서 집닥의 매출상승에 일조하고 있다.

### 3) 운영현황

집닥은 초기부터 사업자금이 없어 빅뱅엔젤스, 캡스톤 파트너스, 산업은행으로부터 총 10억 원 규모의 초기투자를 받아 2015년 설립됐다. 또한 2017년 8월에는 알토스벤처스, 카카오인베스트먼트 등으로부터 총 50억 원의 시리즈B 투자유치에 성공하여 기업가치가 급속하게 상승하였다.

집닥은 현재 전국에 400여개의 인테리어 업체와 제휴를 맺었고, 거래대금도 꾸준히 증가하여 2017년 9월에는 월 70억 원을 돌파했다. 서비스가 시작되고 최근까지 누적 거래대금은 490억 원에 이르고, 직원 수도 65명으로 늘어났다. 집닥은 2018년에는 월 150억 원의 매출을 목표로 하고 있다.

## 21. 굿닥

### 1) 탄생배경

2012년 미국의 의사 검색서비스 ZocDoc을 벤치마킹하여 설립되었다. 하지만 국내의료 상황과는 서비스 모델이 맞지 않는 부분이 있어 병원 검색서비스로 방향을 선회했다.

또한 여러 문제가 겹치면서 회사가 어려워져 당시 대표였던 임진석을 제외한 직원 30여 명이 모두 퇴사하고 팀이 해체되었다. 하지만 굿닥의 가능성을 보고 쉽게 포기하고 싶지 않았던 영업팀장이 돌아와 "월급은 안 받아도 좋으니 조금만 더 해보자!"라고 운영하였으며 일주일 뒤, 굿닥은 옐로모바일에 인수된다.

임진석 대표는 옐로모바일 CSO로 자리를 옮기고, 당시에 영업팀장이었던 박경득이 굿닥의 대표가 되어 이끌었다. 박경득 대표는 당시의 실패를 교훈삼아 작고 빠르게 서비스를 운영하여 매출을 발생시켰고, 다시 30명의 직원을 구성하여 굿닥을 만들어 가고 있다.

처음에 매출이 없어 포기했던 회사가 연 매출 40억 원이 넘는 돈 버는 스타트업이 되고, 연예인 모델을 이용하여 홍보하는 등, 온라인에서 신선한 마케팅으로 신뢰를 구축하고 있다.

### 2) 운영형태

굿닥의 메인서비스 형태는 위치기반으로 한 병원 찾기다. 그리고 의료진에 대한 정보를 제공하고, 시술정보를 제공하며, 환자들의 후기도 볼 수 있고, 병원에서 제공하는 이벤트정보를 제공한다. 또한 오후

6시가 지나 진료가 가능한 병원을 찾을 수 있으며 이러한 정보는 사용자들한테는 긍정적으로 평가되고 있다.

약국에 대한 서비스도 제공하는데 연중무휴 약국만 찾아볼 수 있고, 테마별로 여의사가 진료하는 병원, 어린이 전문병원, 외국인 진료가능 병원을 찾는 것도 가능하다.

굿닥의 수익모델은 병의원 및 상점을 대상으로 IT인프라와 솔루션을 제공하고 발생되는 수수료와 광고주인 병원을 통한 광고수익이다. 사용자가 늘어나면서 광고트래픽을 통해서 제3의 광고주로부터 받는 마케팅 수수료이다.

### 3) 운영현황

굿닥은 2013년 인포뱅크로부터 수억 원을 투자유치하며 '우리동네 병원' 앱을 인수하였고, 130만 명의 기존 사용자층을 흡수해 모바일 의료정보 및 커뮤니케이션 앱의 선두주자로 자리매김 했다.

2013년 매출은 1억3천만원이고, 2014년 상반기 매출은 4억 2천만원이다. 2017년 굿닥은 연매출 100억, 굿닥에 등록된 병원과 약국은 10만 곳이다. 의료서비스 앱에서 1위를 선점하고 있으며 2017년 말 기준, 320만 다운로드를 돌파했다.

녹십자 그룹(녹십자웰빙 50억, 녹십자홀딩스 50억)이 굿닥을 개발한 케어랩스에 100억 원을 투자했다. 케어랩스는 국내 대표 헬스케어 앱 '굿닥'이라는 온라인 사업 경쟁력을 보유하고 있다. 반대로 녹십자는 강력한 오프라인 기반을 갖고 있다. 양사가 힘을 합쳐 온오프라인 사업시너지를 극대화하고 시장지배력을 강화한다는 전략이다.

## 22. 뭐야 이번호

### 1) 탄생배경

　2012년 에바인 대표 윤영중은 사용자들이 모르는 번호로부터 받는 불안감에서 자유로워질 수 있는 방법을 고민하던 중 카페24 서버호스팅 서비스를 이용해 국내 최초로 스팸전화 차단앱 '뭐야 이번호'를 시작하게 되었다. 낯선 전화번호로 전화가 오면 검색을 통해 스팸여부를 확인하고 차단할 수 있는 서비스이다. 뭐야 이번호는 출시 이후 3개월 만에 100만 다운로드를 달성했을 정도로 빠르게 사용자를 확대해 나갔다. 특히 모바일 주 사용자층인 20~30대 고객들을 중심으로 500만 명이 사용중이고 또한 최근에는 SK텔레콤의 'T전화'에도 기본 탑재되고 있어 약 1,000만 명이 사용하고 있다.

　이 앱은 사용자들의 집단지성을 활용해 전화번호 정보의 제공비율과 정확도를 높였다는 것이 특징이다. 폰 사용자의 주소록에 저장되지 않은 모든 수신 전화번호에 대해 자체적으로 보유한 스팸번호 데이터베이스와 인터넷 검색정보, 사용자들이 집단지성을 통해 수집된 정보를 실시간으로 사용자에게 제공함으로써 모르는 번호를 받아야 할지 판단하는 기준을 제공해 주는 것이다.

### 2) 운영형태

　뭐야 이번호 앱은 스팸전화 문제를 해결하기 위해서 만들어졌는데 그 핵심 운영형태는 이용자들의 집단지성을 이용해서 스팸전화를 걸러내는데 있다. 이러한 데이터베이스를 통해 무료서비스와 매달

5,000원 상당의 요금을 내야하는 프리미엄 서비스를 제공하고 있다. 프리미엄 서비스의 경우는 무료서비스보다 더 빠르게, 더 쾌적하게 이용을 가능케 한다. 또한 다른 수익원으로는 SK텔레콤과 제휴서비스로 SK텔레콤의 T전화 서비스에 스팸전화 차단기능을 기본제공함으로써 수익을 창출하고 있다.

### 3) 운영현황

에바인 개발사는 2015년 그동안 쌓아온 기술력과 글로벌 시장으로의 진출가능성으로 캡스톤 파트너스와 스파크랩스 글로벌투자 및 중소기업청이 주관하는 글로벌 R&D사업에도 선정되어 총 10억 원의 투자유치 자금을 확보하게 되었다. 뭐야 이번호는 사용자들의 디자인 변경요청과 불편사항 등 고객의견을 적극 반영하여 대규모 업데이트를 진행하여 향상된 기능과 편리한 사용자 환경(UI)을 구축하였다. 에바인은 추가로 전화 앱 신디(Ceendy)를 정식으로 출시했다. 신디는 전화를 걸때 상대방의 통화요청메시지와 이모티콘을 보낼 수 있는 전화 앱이다. 전화를 받지 않는 상대에게 통화를 요청해야 하는 경우, 신디로 자신의 긴급함을 알려 전화요청을 할 수 있다. 또한 전화받기가 곤란할 때는 '나 바빠'라는 자동응답 메시지 기능도 제공하는데, 전화가 오면 무음으로 처리가 되면서 상대에게 문자를 자동으로 발송해 준다.

## 23. 모두맘

### 1) 탄생배경

'모두맘' 대표 황영오는 먼저 2013년 '명앤명(名&命)'이라는 작명 앱을 개발하였다. 결혼하고 임신하면서부터 고민하기 시작하는 태명, 평생을 함께 해야 할 너무나 소중한 이름, 글로벌 시대에 필수적인 영어이름 등 네이밍은 옵션이 아닌 필수임에도 불구하고, 전문적인 지식과 오랜 기간의 실전경험이 필요하다는 이유로 높은 비용이 지급되어야 하는 문제점 깨닫고 명앤명을 만들었다. 이후 32개월간 시장에서 철저한 검증과 함께 명앤명이 고객으로부터 큰 신뢰를 얻는 단계가 되었다는 판단으로 2016년 6월, 후속 프로젝트인 '모두맘' 플랫폼을 출시하게 되었는데, 이는 기존의 셀프작명 어플인 명앤명의 독보적인 기술력을 바탕으로 임신·출산·육아에 이르는 원스톱 영유아 전문 O2O 플랫폼으로의 비약적인 발전을 이루었다.

### 2) 운영형태

모두맘은 명앤명을 베이스로 운영되고 있는데, 예쁜 우리아기들 이름을 짓는 사용료로 5만 원을 부과하며 한번 결제하면 횟수와 기간에 상관없이 이용할 수 있다는 장점이 있다. 보통 작명소에서 지으면 10만 원 이상 필요한데, 저렴하고 간편하게 이용할 수 있다는 장점이 있다. 모두맘에서는 강사들을 모집하여 육아 관련 콘텐츠(태교, 패션, 요리, 사주, 엄마랑 아가랑, 여성창업, 취업, 기타 강좌)를 여러 개 운영하고 있다. 또한 육아 관련 이벤트 및 체험단을 운영하고 있으며 우리동네 베이비존(산부인과, 산후조리원, 산후도우미, 산전산후 에스테틱, 베이비스튜디오, 돌잔치, 임신출산용품, 홈클린)을 통해 전국에 여성의 임신 및 출산 등 아기와 관련된 곳을 입점시켜 운영하고 있다.

### 3) 운영현황

2016년 6월, 그간의 축적된 기술력을 집약한 모두맘 플랫폼 앱을 중국 등 동아시아 국가 글로벌 시장에 진출하려 하며 모두맘 보유회사 에프티앤씨(주)는 해외 글로벌 시장진출은 물론, 국내 저출산 문제를 해소해나갈 수 있도록 부단히 연구하여 국가경쟁력 제고에 기여할 수 있는 기업이 되도록 노력하고 있다.

## 24. 바비톡

### 1) 탄생배경

'바비톡'은 서울대 출신 김동수 대표, 연고대 출신 기획자/개발자가 2012년 창업한 성형정보 서비스이다. CEO(서울대 경영학과/대기업 PM), CTO[12](연세대 컴퓨터과학과/알고리즘 경시대회), 사업팀장(연세대 경영학과/IT/스타트업) 등 경험과 실력을 갖춘 각 분야 전문가 집단이며, 외부 투자유치 없이 자력으로 빠르게 성장해 온 팀이다. 젊고(평균연령 28세), 겸손하고, 열정적인 문화, 실력과 노력에 따라 많은 보상을 받을 수 있는 인센티브 시스템을 갖췄으며 바비톡을 운영하는 케어랩스는 김 대표가 운영했던 광고대행사 바이브알씨와 옐로오투오를 합쳐 만들었다.

지난 2014년 이들 회사의 사업부가 속속 합류하기 시작해 2016년에는 케어랩스로 사명 변경 및 법인 통합작업이 마무리됐다. 케어랩스는 '최초·독보·이례'라는 수식어를 달며 증권가 관심을 한 몸에 받고 있다. 온·오프라인 연계(O2O) 플랫폼 기업 중 최초상장이란 점도 효과가 컸다. 따라서 케어랩스의 모든 지표는 관련 업종에서의 중요한 판단 기준이 될 수 있다.

### 2) 운영형태

바비톡은 2012년 말 출시된 스타트업이다. 바비톡의 모회사인 케어랩스의 수익구조는 굿닥과 바비톡을 통해 이뤄진다. 굿닥과 바비톡 이

---

12) Chicf Technical Officer, 치교기술관리자

용자가 앱에서 개인정보 등을 제공하는 병원 이벤트에 참여하면 1차 수수료 매출이 나온다. 또 어플 운영을 통해 얻어진 데이터와 노하우로 국내 병·의원에 마케팅 솔루션을 제공하면서 2차 매출이 발생한다.

2016년 3분기까지 미디어플랫폼 사업부와 마케팅사업부의 영업이익은 각각 27억 원과 23억 원을 기록했다. 영업이익률은 각각 25%, 16%를 올리며 안정적인 수익구조를 갖고 있다는 평가를 받고 있다.

바비톡은 20~30대 여성들이 성형과 미용에 관련된 후기를 공유하고 병원에 대한 정보·비용 등 상세 정보를 공유하는 커뮤니티이다. 2016년 3분기 기준으로 누적 다운로드 수는 약 160만 건을 넘어섰으며 연평균 이용자 수는 약 16만 명으로 가장 활성화된 뷰티 모바일앱 가운데 하나다. 주요 고객사는 병원이며, 굿닥과 바비톡 이용자가 병원에 접촉하는 건수 등을 기준으로 수수료를 받는다. 또 비급여 병원, 의원 시장점유율 1위 CRM 소프트웨어와 약국 점유율 1위 처방전 보안시스템을 제휴하여 보유하고 있다. 실적은 작년 3분기까지 누적으로 매출 288억 원, 영업이익 48억 원, 순이익 40억 원이다.

### 3) 운영현황

서비스 런칭 3년 만에 이미 업계 1위의 입지를 군혔으며, 공룡벤처 옐로모바일의 든든한 지원과 안정적인 수익구조를 바탕으로 국내 1위를 넘어 글로벌 성형시장으로 뻗어나가고 있다. 15명의 구성원들이 모여 2017년 연간 매출 80억 원대를 달성하며 안정적인 사업기반을 만들어가고 있다. 2016년 7월 기준으로 앱 다운로드 100만 명, 카카오스토리 공식계정 팔로우 80만 명이다.

초창기 김 대표는 성형외과나 안과 등이 모여 있는 강남권 병원을 직접 돌며 일을 따냈다. 얼마 지나지 않아 그는 마케팅을 전개하는 에이전시만으로는 회사성장에는 한계가 있다고 판단해 비슷한 시기에 사업을 했던 굿닥, 바비톡 등 플랫폼을 보유한 벤처연합군 옐로우모바일의 자회사로 편입했다. 이것이 '신의 한수'였다. 양사를 합친 후 시너지가 극대화됐다. 실제 옐로모바일에 편입되기 직전 2014년 80억 원 이었던 매출이 2015년 114억 원, 2016년 186억 원, 지난해에는 3분기 기준 288억 원 수준에 이르는 등 급격한 성장세를 보이고 있다. 같은 기간 영업이익도 4억 원에서 13억, 20억, 48억 원으로 많게는 세 자릿수 성장을 이어가고 있다.

## 25. 핏몹

### 1) 탄생배경

핏몹(fitmob)의 CEO이자 설립자인 라즈 카푸어(Raj Kapoor)는 "피트니스 업계는 다양성이 부족하지는 않지만 사람들이 쉽게 수천 가지 옵션을 찾고 액세스하고 즐길 수 있는 사용하기 쉽고 비용대비 효율적인 방법이 없었다."라고 말한다. 그는 이러한 점에 착안하여 사업 아이디어를 구상하여 2013년 핏몹을 창업하게 되었다.

핏몹는 피트니스 애호가를 위한 온라인 커뮤니티를 소유하고 운영한다. 커뮤니티는 트레이너를 사용자 및 다른 마니아와 연결한다. 이는 서로에게 맞는 운동을 하도록 동기를 부여하고 서로 격려하게 한다. 핏몹의 본사는 캘리포니아 주 샌프란시스코에 있으며 2015년 4월 핏몹은 클래스패스(ClassPass Inc.)에 인수되었다.

### 2) 운영형태

클래스패스는 트레이너에게 공원, 커뮤니티센터 또는 일정공간에서 수업을 진행할 수 있도록 허용했다. 라즈 카푸어는 "사람들에게 동기를 부여하는 가장 좋은 방법은 다른 사람, 사회, 공동체이다."라고 그는 말한다. 그래서 그는 값비싼 부동산이나 고급 장비보다는 사람들을 중심으로 새로운 체육관에 집중했다.

피트니스 매니아는 앱을 사용하여 수업에 등록하고 강사에게 비용을 지불한다. 각 반은 $15이지만 한 회원이 두 개 이상의 반에 다닌다면 비용은 떨어진다. 예를 들어 두 번의 운동에 참여하는 경우, 각 수업의 비용은 $10이다. 3명이 참석하면 각각 $5이다. 이 슬라이딩 스케일은 매월 요금이 부과되는 체육관과 비슷하다. 더 자주 가면 방문할 때마다 지불하는 금액이 적어진다.

핏몹은 샌프란시스코에서 인증된 강사 5명을 고용하여 모든 사람이 원하는 모든 유형의 수업을 진행하고 있다. 발레 강습, 부트캠프(고강도 훈련) 등 다양한 강좌를 수강할 수 있다.

### 3) 운영현황

클래스패스는 점점 더 뜨거운 시장을 공략했다. 네트워크가 성장함에 따라 클래스패스가 피트니스 이외의 분야로 진출할 것으로 기대되며, 회원들은 파티, 영화, 야외활동 등 다양한 행사에도 참여할 수 있다. 클래스패스는 112명의 투자자로부터 5백만 달러를 유치했다. 이로 인해 회사의 총 자금은 1,480만 달러가 넘게 되었다.

## 26. 업워크

### 1) 탄생배경

세계에서 가장 큰 프리랜서 웹사이트인 업워크(Upwork)의 CEO인 Stephane Kasriel는 비즈니스를 인재와 빠르게 연결하는 비전을 추진했다. 업워크(이전에는 'Elance-oDesk')에서 그는 회사의 CEO로 승진하기 전에 제품 및 엔지니어링 담당으로 전 세계에 위치한 300명이 넘는 엔지니어, 제품관리자, 제품설계자로 구성된 팀을 구성하고 이끌었다.

오늘날 기술 발전으로 인해 직원들은 책상에 물리적으로 출근할 필요가 없으며 기업은 보다 유연한 업무 라이프스타일을 요구한다. 또한 회사는 신세대 회사일수록 핵심 외 인력을 가급적 아웃소싱하고 있다.

### 2) 운영형태

업워크는 고객이 회사 플랫폼을 통해 프리랜서 및 대행사와 인터뷰, 고용 및 작업할 수 있도록 한다. 플랫폼에는 이제 프리랜서를 찾고 고용할 시간을 줄이기 위한 실시간 채팅 플랫폼이 포함된다. 고객은 지불수수료 2.75%를 회사에 지불한다. 클라이언트 지불수수료는 프리랜서의 서비스 요금산정 시 청구액에 포함되지 않는다.

### 3) 운영현황

업워크은 세계에서 가장 큰 프리랜서 웹사이트이다. 위 작업을 통해 세계 최고의 비즈니스 전문가와 기업은 전통적인 시간과 장소의 장벽없이 쉽게 서로를 찾을 수 있다. 업워크는 클라이언트가 프리랜서를 찾고, 고용하고, 일하고, 지불할 수 있도록 간단하고 신속하며 이용이 효율적이다.

업워크에는 5백만 이상의 기업고객과 1,200만 명의 프리랜서가 고용되어 온라인으로 일하고 있다. 2014년 각종 투자사로부터 3,000만 달러를 유치했다.

## 27. 위시캣

### 1) 탄생배경

위시캣(Wishket) 창업자인 박우범 대표는 학창시설 소상공인과 대학생 동아리를 연결해 홈페이지 제작을 해주는 서비스를 진행하며 비즈니스를 시작했다. 그러던 중 프리랜서 개발자였던 지인에게 대금지급이나 프로젝트 관리, 결과물의 품질문제 등으로 어려움을 겪고 있는 IT분야의 외주 생태계 현황을 듣고 IT개발 플랫폼을 시작하게 되었다.

위시캣의 강점은 쉽고 빠르게 제시된 프로젝트에 최적화된 전문회사나 인력을 매칭해주는 것이다. 이를 통해 기업이 프로젝트에 적합한 인력을 찾는데 평균 33일에 걸리는 시간을 7일로 단축시켰으며 만족도 높은 결과물로 고객의 마음을 사로잡고 있다. 이를 위해 프로젝트 클라이언트에게 프로젝트에 지원한 업체의 견적과 포트폴리오, 수행 프로젝트 경험 그리고 기존 수행 클라이언트의 평가를 한눈에 볼 수 있도록 객관적인 데이터를 제공해 프로젝트 수행에 대한 신뢰성과 성공가능성을 높였다. 또한 프로젝트 연결에서 그치는 것이 아니라 계약업무의 지원, 프로젝트 일정별로 CRM[13] 및 커뮤니케이션을 통해 원활히 프로젝트가 진행될 수 있도록 서비스를 제공하고 있다.

### 2) 운영형태

위시캣은 기업의 프로젝트와 개발자 및 디자이너를 연결해주는 온라인 아웃소싱 플랫폼이다. 프로젝트가 등록되면, 포트폴리오를 갖춘

---

13) Customer Relationship Management, 고객관계관리

위시캣의 파트너들이 '기간'과 '비용'을 자유롭게 산정하여 프로젝트에 지원한다. 위시캣은 에스크로 시스템을 통하여 대금을 보호하며, 프로젝트미팅과 계약을 주선하고 대행한다. 현재 8,000여개의 기업 클라이언트와, 14,000여명의 개발자와 디자이너들이 활동하고 있다.

클라이언트 이용요금은 무료이며, 파트너스 이용요금은 기업 프로젝트 대금의 10%이고, 개인은 프로젝트 대금의 10%를 공제하는 요금제로 운영되고 있다. 위시캣 이용요금은 실제로 프로젝트를 진행하는 경우에만 발생하며, 프로젝트 등록 및 지원 단계에서는 이용요금이 발생하지 않는다.

### 3) 운영현황

(주)위시캣은 2016년 12월 자사 플랫폼에 등록된 프로젝트를 진행 가능한 개발회사 및 프리랜서 전문가의 수가 3만 명이 넘었다고 밝혔다. 현재까지 위시캣은 6천 100여개의 프로젝트에서 5백 66억 규모의 프로젝트 비용을 달성하고 있으며, 프로젝트를 수행할 수 있는 전문업체 및 전문가풀(pool)이 동종업계 중 가장 많은 30,933명에 달한다. 위시캣 스마일게이트 인베스트먼트와 메가인베스트먼트로부터 총 12억 원의 투자를 유치했다. 한편 위시캣은 2016년 12월부터 서울산업진흥원과 함께 서울시의 중소기업에서 발생하는 아웃소싱 업무와 전문인력을 연결해주는 서울전문인력 육성사업의 파트너로서도 활동하고 있다.

## 28. 보트세터

### 1) 탄생배경

재클린 바움가르텐(Jaclyn Baumgarten)이 창업한 보트세터 (Boatsetter)에 대한 아이디어는 보트 소유주인 두 명의 형제가 제공했다. 그들은 바쁜 삶이 보트를 타기에 충분한 시간을 주지 못하고 좌절감을 느끼며 좌절하고 있었다. 재클린은 대안이 있어야한다고 생각했고, 다른 사람들에게 보트를 임대하자고 제안했다. 이러한 제안은 윈-윈처럼 보였으나 당시에는 보트 대여를 위한 기반시설이 아직 마련되지 않았기 때문에 개인간 보트 대여에 대한 아이디어는 단순한 꿈이었다. 보트 소유자가 대여을 다루는 보험을 찾는 것은 불가능했다. 재클린은 세계 최고의 해양보험회사가 새로운 차원의 정책을 수립하도록 설득하도록 노력했고 현재 보트공유시장에서 이용가능한 표준약관을 보험사로 하여금 만들 수 있게 하였다.

### 2) 운영형태

재클린은 시장을 선도하는 보트 공유업체인 보트세터의 CEO로서 고객간 보트대여를 통해 레크리에이션 해양업계에서 새로운 미래를 만들어 가고 있다. 온라인 커뮤니티는 보트 소유권의 경제성을 향상시키고, 보트 애호가의 접근성을 높이고, 보트타기 라이프스타일에 새로운 세대를 도입함으로써 레크리에이션 산업을 활성화시켰다고 말한다.

### 3) 운영현황

보트세터는 미국과 세계에서 가장 큰 피어 고객간 보트 대여서비스로 다른 경쟁업체에 대한 향후 인수자금을 지원하기 위해 2016년 12월 시리즈A 라운드에 475만 달러의 자금을 추가한다고 발표하면서 총 1,775만 달러를 모았다.

보트세터는 보트바운드(Boatbound)와 합병된 Cruzin이라는 보험회사도 시작했다. 이 보험사는 배상책임범위가 1백만 달러, 배 손상에 대한 보상범위는 2백만 달러, 임차인을 안전하게 보호할 수 있는 추가 보호범위를 제공한다.

보트세터는 5,000개의 보트를 사용할 수 있으며, 올해는 5배 이상 성장하여 1만 개가 넘는 대여를 받을 수 있다고 밝혔다. 비즈니스모델은 보트세터가 소유자로부터 임대료의 28%, 선장의 수수료의 10%를 받고 임차인에게 7.5%의 예약수수료를 받고 있다. 보트세터가 보트를 소유하지 않거나 유지하지 않는다는 것을 고려할 때 이들은 순수한 마진이 되는 것이다.

또한 보트세터는 에어비앤비의 새로운 경험플랫폼과 제휴하여 사람들이 샌프란시스코 만에서 항해하는 법을 배우고 마이애미의 웨이크보드 수업을 듣거나 바르셀로나의 요리사가 신선한 선상요리를 할 수 있게 했다.

## 29. 피스틀리

### 1) 탄생배경

피스틀리(Feastly)는 식사에 참여하고자 하는 유저를 '피스터(feasters)'라고 칭하는데, 그들은 이 서비스를 통해 특정 식생활에 맞는 요리를 제공받을 수 있는 것은 물론이고 정통요리나 이국적인 요리를 먹어볼 수도 있다.

피스틀리 창업자 노아 카레쉬(Noah Karesh)는 그의 여자친구와 함께 과테말라에서 여행할 때 피스틀리의 영감이 발생했다. 여행할 때 많은 사람들처럼 가능한 한 지역적(local)으로 먹는 것을 좋아한다는 것에 착안했다. 그는 전 세계 어느 곳에 있더라도 더 좋은 음식을 먹고 싶었고 전 세계 수백만 명의 요리사와 요리사에게 음식을 보여줄 수 있는 기회를 부여하고 싶었다. 그래서 탄생한 것이 피스틀리이다.

### 2) 운영형태

노아 카레쉬는 여행과 독특한 음식경험을 통해 해외에서 영감을 얻어 다양한 음식과 도시의 문화적 잠재력을 극대화하고자 했다. 기존 식당에 익숙했던 그는 원래의 문화적 식사인 '가정식 요리'를 다시 도입하고자 했다. 이를 통해 요리사가 집에서 제공되는 독특한 식사를 제공하여 좀 더 정통적인 식사옵션을 모색하는 모험심 넘치는 사람들과 만날 수 있도록 플랫폼을 만들었다.

피스틀리의 운영수수료는 식사를 요청한 사람은 요리사가 정한 식사 가격에 10%의 서비스 및 가공수수료를 추가한다. 또한 요리사에게 수수료를 부과하는 경우, 요리사의 정해진 식사가격의 12%를 수수료로 받고 있다.

### 3) 운영현황

지난 몇 년간 운영된 피스틀리는 현재 샌프란시스코, 뉴욕, 워싱턴 D.C.에서 이용할 수 있다. 향후 점차 다른 도시로도 서비스를 확장할 계획이다. 피스틀리는 세 도시에서 1,200명 이상의 식사를 제공했다. 식사는 1회당 평균 약 12명과 1인당 $38.50였다.

에어비앤비에서 American Express, TED에 이르기까지 지역농장 및 비영리단체와 함께 식탁을 둘러싼 마케팅을 개시하여 기금펀딩 및 지역사회 활성화 기회를 엿볼 수 있는 역할도 수행하고 있다.

피스틀리의 자금유치는 2013년 Lisa Gansky, Scott and Cyan Banister에서 6만5천 달러, Boost VC 1만5천 달러, Tim Draper, Structure Capital에서 35만 달러를 시드머니[14]으로 유치했다. 2014년 Westly Group으로부터 추가작므 140만 달러를 유치했다. 2016년 Microventures, Structure Capital로부터 140만 달러를 유치했다.

---

14) 종잣돈, 스타트업 조기의 시세품 생산 및 사입구성을 위한 기초지급을 외미한다.

## 30. 릴레이라이즈

### 1) 탄생배경

쉘비 클락(Shelby Clark)은 하버드 비즈니스 스쿨의 동급생 네빌 알캐디(Nabeel Al-Kady)와 타라 리브스(Tara Reeves)와 함께 2009년 릴레이라이즈(RelayRides)를 설립했다. 카셰어링의 개념을 에어비앤비와 이베이와 같은 오픈마켓에서 영감을 받아 창업하였다.

활용률이 낮은 차량을 자원으로 활용하기로 결정한 클락은 먼저 지역사회를 타겟으로 모델을 제안했다. 이 서비스는 먼저 2010년 6월보스턴에서 출시되었고, 2010년 말 확장하여 샌프란시스코에 지금의 본사를 두었으며, 2012년 3월 미국전역에서 시작되었다.

회사는 원래 단기간/시간별 렌터카에 집중했지만 시간이 지남에 따라 대부분 1일 이상 임대하는 경우가 많아졌다. 2013년 릴레이라이즈는 Wheelz를 인수하여 장기간 대여에 초점을 맞추었고, 자동차 대여의 시간당 가격을 경쟁사 중 최저로 맞추었다. 2013년에 공항 검색 옵션을 추가하고하고 2014년에 배달 옵션을 추가하여 여행자들을 타겟팅하기 시작했다.

### 2) 운영형태

릴레이라이즈는 안드로이드용 앱 및 웹사이트에서 800개 이상의 자동차 제조업체 및 모델을 제공한다. 차량소유자는 미국, 캐나다 및 영국 전역의 2,500개의 도시와 300개 공항에서 자동차를 제공한다. 전통적인 자동차 렌탈서비스와는 달리, 릴레이라이즈는 차량을 소유하거나 유지보수하지 않는다. 자동차 소유자와 대여자가 연결될 수 있는 플랫폼을 제공하기 때문에 전통적인 렌터카 서비스와 비교하여 임대 비용이 절감된다.

자동차 소유자는 자동차를 사용할 수 있는 시간과 장소를 명시한다. 렌터카를 빌리려는 여행자는 온라인으로 특정시간대를 예약하고 사용 시간을 결제한다. 자동차 소유자는 가격을 설정하거나 릴레이라이즈의 가격제안을 사용하고, 회사는 이에 대하여 25%를 수수료로 취한다. 여행자는 기존의 렌탈서비스에 비해 평균 35% 이하의 저렴한 가격에 자동차를 사용할 수 있다. 릴레이라이즈는 최대 1백만 달러의 책임보험을 차량에 적용한다.

### 3) 운영현황

2015년 11월, 릴레이라이즈는 투로(Turo)로 변경되었다. 2010년 에서 2014년까지 투로는 가나안 파트너로부터 자금 5,200만 달러를 받았다. 2016년 투로는 캐나다로 사업 영역을 확장 할 것이라고 발표 했다. 투로는 투자금 유치로 2009년 Kevin Donahue로부터 시드머니 60만 달러를 유치했고, 2011년 GV, August Capital로부터 시리즈A 125만 달러를 유치했고, 같은 해 GV, Shasta Ventures 시리즈A 1,200만 달러를 유치, 2014년 GV, August Capital로부터 시리즈B 자금을 3,500만 달러를 유치, 같은 해 Canaan Partners, Trinity Ventures로부터 시리즈B 2,500만 달러를 유치, 2015년 Kleiner Perkins, Caufield Byers로부터 시리즈C 4,700만 달러를 유치했다.

# Chapter 4. 플랫폼 신생기업 50

　전 세계의 플랫폼 스타트업 중 일부를 살펴보고 벤치마킹하여 각자의 위치에 맞춰 리뉴얼하면 나만의 플랫폼 스타트업을 만들 수 있다. 이 책에서 전달하고자 하는 내용을 충분히 숙지하여 아래의 플랫폼 스타트업 사례들을 잘 연구해보고 나만의 플랫폼 비즈니스 모델을 구체화해보자.

## 1. 유데미

### 1) 탄생배경

　2007년, 유데미(Udemy) 설립자 에렌 발리(Eren Bali)는 터키에 살면서 실시간 가상교실을 위한 사이트를 만들었다. 그는 콘텐츠를 모든 사람들에게 무료로 제공할 수 있는 가능성을 보았고, 2년 후 실리콘밸리로 이동하여 회사를 설립했다. 이 사이트는 발리, Oktay Caglar, Gagan Biyani에 의해 2010년 초 시작됐다.

　2010년 2월, 창업자들은 벤처캐피털 기금조성을 시도했지만 그들의 아이디어는 투자자들에게 투자매력을 주지 못했고 30번 거절되었다. 이에 대응하여 그들은 부트스트랩(사이트나 웹 응용프로그램을 작성하기 위해 사용하는 무료 소프트웨어 도구모음) 제품의 개발과 2010년 5월, 유데미를 통한 온라인강좌를 시작했다.

몇 달 만에 1,000명의 강사가 2,000여 코스를 만들었고, 유데미는 거의 만 명의 회원을 보유했다. 이 호의적인 시장반응에 기초하여, 그들은 또다른 자금 조달을 시도하기로 결정하고, 8월까지 벤처자금으로 1백만 달러를 펀딩했다. 2014년 4월, 유데미의 COO[15])인 Dennis Yang이 Eren Bali를 대신하여 CEO로 선정된 것으로 보고했다.

## 2) 운영형태

유데미는 강사가 자신이 선택한 주제에 대한 온라인 콘텐츠를 개설할 수 있는 플랫폼 역할을 한다. 유데미의 콘텐츠 개발도구를 사용하여 비디오, 파워포인트, 프리젠테이션, PDF, 오디오, ZIP파일 및 라이브클래스를 업로드하여 콘텐츠를 만들 수 있다. 강사는 온라인 토론 게시판을 통해 사용자와 소통하고 상호작용할 수 있다. 콘텐츠는 비즈니스 및 기업가 정신 , 학업, 예술, 건강 및 피트니스, 언어, 음악, 기술을 포함한 광범위한 범주에 걸쳐 제공된다. 유데미는 '유데미 for Business'를 제공하여 디지털 마케팅 전술에서부터 사무생산성, 디자인, 관리, 프로그래밍 등에 이르는 주제에 대한 2,000개 이상의 교육과정을 대상으로 하는 비즈니스에 대한 접근을 제공한다. 유데미 for Business를 사용하면 기업교육을 위한 맞춤 학습포털을 만들 수도 있다. 강사에 따라 유료 및 무료 강좌를 제공할 수 있다.

---

15) Chief Operating Officer, 최고운영관리자

학비에 대한 강사보상은 유데미에 학생들을 유치하기 위해 마케팅에 투자하는 사람에 따라 다르다. 강사의 명성이나 마케팅이 학생을 끌어들이는 경우 강사는 모든 학비 수익의 97%를 얻는다. 유데미는 학생이 사이트 자체 마케팅이나 다른 교과목에 끌리는 경우 수입의 50%를 보유하고, 유데미 판촉 제휴사가 학생을 사이트 및 코스로 끌어들이는 경우 강사는 학비의 25%만 얻는다. 후자의 경우 계열사는 수업료의 50%를, 나머지 50%는 유데미와 강사에게 나누어진다.

## 2. 리마인드

### 1) 탄생배경

리마인드(Remind)는 2011년 형제 브렛(Brett)과 데이비드 코프(David Kopf)가 설립하여 초등교육에서의 의사소통의 격차를 해소할 목적으로 만들어졌다. 리마인드는 학교의 교사, 학부모, 학생 및 관리자가 한 번에 모든 사람과 통신할 수 있는 개인 모바일메시징 플랫폼이다. 이 플랫폼은 미국 전역에 월 2,000만 명이 넘게 사용하고 있고, 2016년 9월 기준 미국 공립학교의 50% 이상이 사용하고 있다.

브렛과 코프는 학교에 있을 때 주의력 결핍장애와 난독증으로 진단받았다. 그리하여 동생인 코프는 교사와 소통할 수 있는 편리한 시스템을 만들었다. 브렛은 학교에서의 소통을 성공적이라 평가하고, 두 사람은 회사를 만들어 시스템을 본격적으로 운영하기로 결정한다.

### 2) 운영형태

리마인드는 학교 관리자가 문자메시지, 이메일 및 푸시 알림을 보낼 수 있는 무료 서비스이다. 통지에는 학습운영에 관한 일정 및 지연된 출석, 학부모 회의 및 다가오는 사건이나 기회에 대한 알림 등이 있다. 리마인드에 대한 이용은 무료이지만 수수료를 요구하는 추가기능을 별도로 제공한다.

### 3) 운영현황

2013년 9월, 리마인드는 Yuri Milner, Maneesh Arora 및 다른

엔젤투자자의 참여로 350만 달러의 시리즈A 투자를 유치했다. 2014년 2월에는 Kleiner Perkins Caufield & Byers가 이끄는 시리즈B 기금에서 사회자본과 1차 자본을 포함한 이전 투자자들의 추가참여를 통해 1,500만 달러의 투자를 유치했다. 또한 리마인드는 같은 해 9월에 이전 투자자의 시리즈C 기금으로 4천만 달러를 펀딩했다.

2,700만 명의 교육자, 학생 및 학부모가 미국 공립학교 교육구의 95% 이상에서 리마인드를 사용한다.

# 3. 키넥

## 1) 탄생배경

키넥(Kinnek)은 산업용품 판매자의 온라인 마켓이다. 키넥은 공동 창업자인 Rui Ma와 Karthik Sridharan이 자신들의 사업을 위해 맞는 물건을 구입하는데 불편함을 느껴 이를 해소하는 차원에서 아이디어를 얻어 2012년 뉴욕에 회사를 오픈했다.

일반적인 소비자 중심의 웹사이트에서 중소기업 소유주들이 원하는 주문제작형 제품을 구입할 수 없었으며, 맞춤식 장비, 맞춤식 기계류, 맞춤식 소모품이 필요했고 이러한 모든 복잡한 문제를 처리하기 위해 서비스를 시작하게 되었다.

## 2) 운영형태

구매서비스를 제공하는 중소기업은 무료이다. 키넥은 서비스 사용료를 포함한 복합 수수료 구조를 통해 플랫폼에 가입한 공급업체에 비용을 청구한 다음, 공급업체가 진행하는 모든 판매에 대한 수수료를 부과한다. 비즈니스 소유자와 구매자는 필요에 따라 시장에 접근하고 공급업체는 견적을 제공한다. 일반적으로 여러 공급업체가 여러 견적을 제시한다. 여러 판매자가 구매자에게 사용가능한 제품 견적을 제출할 수 있기 때문에 가격은 일반적으로 현지 공급업체를 방문한 경우보다 저렴한 경향이 있다.

## 3) 운영현황

키넥은 초창기부터 투자자들의 관심을 끌었다. 2012년 Angelpad 엑셀러레이팅을 졸업한 후 키넥은 SV Angel, CrunchFund 및 Naval Ravikant 등의 투자자의 기금으로 300만 달러를 펀딩했다. 2014년에는 Version One Ventures, Crunch Fund로부터 시리즈A 1,000만 달러를 유치했고, 2015년에는 Matrix Partners, Thrive Capital로부터 시리즈B 2,000만 달러를 유치했다.

공동창업자 Sridharan은 중국의 전자상거래 회사인 알리바바의 기업공개를 기억하면서 투자자들이 자신의 회사를 중소기업을 위한 Alibaba와 같은 종류의 차세대로 생각한다고 말한다.

## 4. 도쿄 오타쿠 모드

### 1) 탄생배경

도쿄 오타쿠 모드(Tokyo Otaku Mode, TOM)16)의 창업자는 토모 카메이(Tomo Kamei)이다. 2011년 일본 콘텐츠의 동향을 어떻게든 전달하고자하는 마음으로 설립했다. 처음에는 일본의 하위문화 관련 콘텐츠를 페이스북에 소개하기 시작했다. 처음에는 관련 콘텐츠가 팬을 얻지 못하는 어려운 시기를 겪었고, 시행착오를 계속 겪으며 오타쿠 관련 행사에 참석함으로써 일본의 하위문화 및 코스프레17)의 사진에 대한 정보로 페이지를 꾸준히 업데이트했다. 그렇게 함으로써 팬 수는 천천히 증가하여 수백만 명이 되었다.

### 2) 운영형태

도쿄 오타쿠 모드는 일본의 문화상품을 대량으로 구매하는 전자 상거래 사이트이다. 페이스북 페이지를 통해 일본의 최신 문화뉴스를 세계와 공유하며 웹사이트를 통해 애니메이션, 만화, 게임, 음악 및 패션과 관련된 제품을 판매한다.

### 3) 운영현황

도쿄 오타쿠 모드는 2014년 이토추 기술 벤처, 미쓰비시 UFJ 캐피탈, 18개 투자사, GaiaX 글로벌마케팅 벤처를 통해 시리즈A 자금 2억7000만 달러를 유치했다.

---

16) 오타쿠(Otaku)는 한 분야에 열중하는 사람을 의미하는 일본어
17) Cosplay, 컴퓨터 게임이나 만화 속의 등장인물로 분장하여 즐기는 일

2014년 9월 시리즈B 자금조달을 완료했으며, Cool Japan Fund Inc.가 이끄는 제3자 배정방식을 통해 3년 동안 최대 15억 엔의 자금을 확보했다. 이로써 전자상거래 확장, 새로운 기술인력 모집, 모바일 지원 및 서비스개선, 해외 물류센터 설립에 중점을 두고 글로벌 서비스 성장을 가속화할 수 있게 되었다.

## 5. 99분

### 1) 탄생배경

  사람들은 모두 온라인에서 물건을 구입할 때 흥분을 느끼고, 제품을 빨리 받고 싶어한다. 그러나 현실은 하루이틀을 기다려야 한다. 누구나 제품을 결제하고 바로 받기를 원하지만 주어진 현실은 그렇지 않다. 물론 퀵서비스가 존재하지만 비용이 많이 들기에 많이 이용하지는 않는다. 이러한 불편을 느껴서 멕시코에서 회사를 오픈했다.

  고객은 온라인에서 주문한 물품을 99분 이내에 전달받을 수 있다. 공동창업자는 Alexis, Patjane이다.

### 2) 운영형태

  99분은 웹사이트 및 스마트폰에서 제품을 실시간으로 추적할 수 있으며 제품이 도착한 후 결제할 수 있고, 반품도 자유롭다.

### 3) 운영현황

  창업초기에는 수익이 별로 없어 자본금으로 3개월을 버텼지만, 이후 300% 이상 성장했다. 2016년에는 놀라운 성장을 하여 멕시코의 4개 도시에서 60,000개 이상의 배달을 달성하고, 웹 물류의 세계에서 가장 빠르고 가장 효율적인 기업으로 시장에 알려지게 되었다. 이로 인해 멕시코 대다수 소비자들의 온라인 구매에 대한 인식이 바뀌었다. 3개의 물류창고를 설립하고 자전거 또는 오토바이로 주문건에 대해 즉시배송을 한다.

## 6. 르 토트

### 1) 탄생배경

르 토트(Le Tote)는 2012년, 브렛 노스아트(Brett Northart)와 라케쉬 톤돈(Rakesh Tondon)이 공동창업을 했다.

브렛은 아내가 직장, 행사를 위해 새 옷과 악세서리를 끊임없이 구매하며 한 번 무언가를 입은 다음에는 옷장 깊숙이 넣어두는 것을 보아왔다. 그리고 아내는 친구들과 항상 옷을 나누고 서로 바꿨다. 이러한 점에 아이디어를 얻어 더 좋은 방법이 있어야 한다고 생각하기 시작했는데 옷을 교환하면 어떨까 생각해서 탄생했다.

### 2) 운영형태

르 토트는 적당한 이용자를 찾는 데 많은 시행착오를 겪었다. 초기단계에 젊은 사용자층을 겨냥한 스타일로 시작했지만 사람들의 호응은 그렇게 크지 않았다. 그러나 더 많은 일상스타일과 전문가 컬렉션에 추가했을 때 반응이 뜨거웠다.

회원가입을 하면 한 달 49달러에 3개의 의류품목과 2개의 액세서리가 달린 '토트(이용티켓)'[18]를 받게 된다. 모든 토트에는 스타일리스트가 선택한 제품과 함께 고객이 선택한 항목이 포함되어 배송된다. 고객은 지속적으로 원하는 만큼 자주 새로운 토트를 받을 수 있다.

---

18) Tote, 원래 마권을 의미함. 르 토트에서는 토트라고 하는 의류박스를 의미한다.

## 3) 운영현황

2013년 르 토트는 LHV, GV 벤처캐피탈에서 120만 달러를 유치했고, 2014년에는 A16Z 벤처캐피탈에서 50만 달러를, 2015년 2월에는 LHV, Azur 벤처캐피탈에서 시리즈A 830만 달러를 유치, 2015년 11월에 LHV, Azur 벤처캐피탈에서 시리즈B 1,500만 달러, 2017년에는 Sway, Azur 벤처캐피탈로부터 시리즈C 자금 3,500만 달러를 유치하였다.

르 토트의 주문건수는 2014년 4월, 260건에서 2015년 4월, 834건으로 세배 이상 급증했다. 한 해 동안 토트 수가 780건에서 6,677건으로 증가했으며, 전체 이용고객 중 94%의 고객만족도를 유지하고 있다.

# 7. 바크복스

## 1) 탄생배경

바크박스(BarkBox)는 2011년 12월 매트 미커(Matt Meeker), 헨릭 워디린(Henrik Werdelin), 칼리 스트리프(Carly Strife)가 공동창업했다. 바크박스는 약 60만 명의 월간 가입자를 보유하고 있는 미국 뉴욕에 본사를 둔 애견용품 정기구독 제품배송업체다. 바크박스의 주력제품은 강아지와 개를 사랑하는 사람들을 위한 월 단위 가입서비스이다. 이 회사는 애견을 주제로 한 컨텐츠 사이트인 BarkPost, 사진공유앱 BarkCam 및 BarkBuddy, Tinder for Dogs를 운영한다.

## 2) 운영형태

각 바크박스에는 일반적으로 개껌, 장난감, 간식, 액세서리 및 수의사가 테스트한 애완동물 건강용 제품을 제공한다. 구독자는 1, 3, 6, 12개월 구독을 신청할 수 있다. 바크박스 수익금의 10%는 지역피난처, 구제기관 및 동물복지기관에 전달된다.

## 3) 운영현황

2013년 4월 벤처자금 670만 달러를 모으고 Bark & Co.로 회사명 변경을 실시했다. 2018년 2월 바크박스는 2,500만 달러의 매출을 기록했으며, 매년 2~3배 정도 성장할 것으로 전망된다.

2014년에 바크박스는 추가로 시리즈B 자금 1,500만 달러를 투자받았다.

# 8. 스타일시트

## 1) 탄생배경

멜로디 맥클로스키(Melody McCloskey)는 뷰티 및 웰빙 서비스를 위한 온라인 쇼핑몰인 스타일시트(StyleSeat)의 공동창업자이자 CEO이다. 2011년에 미용을 쉽게 예약할 수 없다는 좌절감을 때문에 이런 불편을 해소하기 위해서 26세의 멜로디는 친구 댄 레빈(Dan Levine)과 함께 스타일시트를 설립했다.

## 2) 운영형태

스타일시트는 미용 및 건강 분야의 전문가들을 위한 온라인 쇼핑몰이다. 플랫폼은 업무, 마케팅, 자금 및 고객관리를 할 수 있게 하여 미용전문가 및 미용실에 도움을 준다.

고객은 머리, 수염, 손톱, 눈썹, 왁싱 등 미용서비스를 제공하는 전문가의 광범위한 분류에서 검색하고 예약할 수 있다. 프리미엄 회원에게는 이메일 마케팅, 소셜미디어 프로모션, 웹사이트를 위한 통합 위젯이 제공된다. 가격은 무료 평가판부터 월 25~35달러의 프리미엄이 있다.

## 3) 운영현황

이 회사는 설립 초기부터 미용예약 서비스 플랫폼으로에서 3억 5000만 달러 이상 급성장했다. 2백만 명이 넘는 고객이 뷰티시트(BeautySeat)를 사용하여 미용을 예약하고 20만 명 이상의 미용전문가가 플랫폼을 사용하여 비즈니스를 관리한다. 간단한 온라인예약, 전문적인 웹사이트 및 마케팅 도구의 조합은 미용전문가에게 혁신적이었다.

2014년 Lightspeed Ventures가 기존 투자자인 Lowercase Capital을 포함한 다른 참여자의 참여로 이끌며 스타일시트에 시리즈A 자금으로 1,400만 달러를 투자했고, 2015년에 Fosun Kinzon Capital이 이끄는 Lightspeed Venture Partners, Cowboy Ventures 및 Slow Ventures가 포함되어 시리즈B 2,500만 달러를 유치했다. 그리하여 스타일시트는 4,000만 달러의 벤처캐피탈 자금을 모으고 누적판매액으로 32억 달러를 벌어들였다.

## 9. 마법에 걸린 다이아몬드

### 1) 탄생배경

조슈아 니아메르(Joshua Niamehr)와 조나단 라스(Jonathan Las)는 보석을 구매할 때 상점을 방문해야 하고 방문하더라도 기만적인 판매전술 때문에 가격을 신뢰하고 구매할 수 없다는 점에 착안하여 이러한 불편을 해소하기 위하여 2012년 공동창업하였다.

'마법에 걸린 다이아몬드'(Enchanted Diamonds)는 전 세계에 뉴욕시의 보석상에 대한 자료를 제공하며 다이아몬드를 판매한다.

실리콘밸리 중소기업 벤처 육성프로그램의 지원을 받아 시작되었다.

### 2) 운영형태

'마법에 걸린 다이아몬드'는 최고의 고객서비스와 함께 가능한 최저가격으로 최고품질의 다이아몬드에 대한 정보를 고객에게 제공하기 위해 뉴욕에 소재한 실제 쇼룸을 통해 온라인 쇼핑의 편리함과 고객이 오프라인 장소에서 직접 다이아몬드를 미리 볼 수 있는 기능을 결합했다. 또한 고화질비디오 및 이미지로 온라인 다이아몬드 구매를 전보다 훨씬 안전하게 만들었다.

마법에 걸린 다이아몬드는 비용을 절감하기 위해 재고를 보유하지는 않는다. 품질을 손상시키지 않으면서 다이아몬드를 사는데 있어 가장 경제적인 솔루션을 제공하며, 새로운 다이아몬드 세공시스템을 만들었다.

### 3) 운영현황

마법에 걸린 다이아몬드는 사이트 하단에서 다이아몬드 전문가와 24시간 실시간 채팅할 수 있는 채팅창이 있다. 또한 구입한 제품 전체를 평생 보증한다.

2013년에 210만 달러 상당의 상품을 판매했으며 흑자를 이뤘다. 고객당 매출총이익은 원가의 4배 이상이다. 2013년 매출의 21%는 고객추천에서 얻었으며 재구매 비율이 약 12%에 달했다.

## 10. 벙글

### 1) 탄생배경

　모바일 광고회사 벙글(Vungle)의 CEO 제인 제퍼(Zain Jaffer)는 1988년 영국에서 태어나 킹스칼리지 런던에서 경영학을 전공했고, 2012년 같은 학교 동창생인 잭 스미스(Jack Smith)와 함께 벙글을 설립했다. 이후 미국 실리콘밸리로 건너가 구글 등으로부터 2,500만 달러의 투자를 유치하였다.

　벙글은 개발자가 비디오광고를 앱에 넣는 방식이다. 벙글의 획기적인 비디오광고 게재기술과 사용자우선 접근방식 덕분에 개발자는 성공적인 수익창출을 이뤄냈다. 벙글은 샌프란시스코, 런던, 베를린, 서울 및 베이징에 지사를 두고 있으며, 이 회사는 현재 1만개 이상의 세계 최고의 앱에서 수익을 창출하고 있고, 매달 20억 회 이상의 조회수 성과를 낸다.

### 2) 운영형태

　벙글은 구글, 디즈니 등 글로벌 광고주로부터 의뢰받은 동영상광고를 게임 등 각종 모바일 앱에 내보내는 사업모델을 갖고 있다. 현재 벙글에 연동된 앱은 1만2000개로, 이들 앱에서 광고를 보는 시청자만 월 2억 명에 달한다.

　광고주의 지불 방식에 대하여 알아보겠다. 광고주는 광고가 플레이될 때(CPM), 광고 플레이가 끝났을 때(CPCV), 광고 다운로드 버튼을 클릭하여 마켓으로 넘어갈 때(CPC), 광고 앱을 설치했을 때(CPI), 이

네 개의 지불 방식 중에 하나를 선택한다. 한국의 제휴마케팅(아이라이크클릭, 링크프라이스 등)의 동영상 버전이라고 생각하면 된다.

### 3) 운영현황

2012년에 Aol 벤처스에서 종자돈 200만 달러를 유치하고, 2013년 시리즈A 기금으로 650만 달러를 모았다. 광고 플랫폼이 2012년 출시 이후 20억 회의 동영상 조회수를 넘었기 때문이다. 다음해엔 기존 투자자들로부터 시리즈B 기금 1,700만 달러를 받았다.

벙글은 창립 이후 글로벌 시장에서의 광고주 및 퍼블리셔를 적극적으로 확보해 나가며 국내외 광고주들이 전 세계 유명한 모바일 앱을 통해 언제 어디서나 동영상 광고를 송출할 수 있게 했다.

벙글은 지난 2015년 이후 중국 내에서만 매출이 400% 이상 증가했으며, 베이징, 서울, 싱가포르, 도쿄에 지사를 런칭하며 아시아 태평양 지역에서의 입지도 빠르게 넓혀나가고 있다. 한국에서는 미미박스, 비트망고, 더블유게임즈 등이 벙글을 글로벌 시장 진출의 교두보로 활용하고 있다.

## 11. 헤드아웃

### 1) 탄생배경

2013년 바룬(Varun)은 뱅갈로 대학에서 경영학 학위를 받고 골드만삭스에서 인턴으로 일했었고, 수렌(Suren)은 3년간 유럽에서 거주한 재무전문가이며, 비크람(Vikram)은 기술전문가로 4년간 오라클에서 근무했다. 이들은 유럽여행을 계획하는 동안 큰 불편을 느꼈다. 여행을 즐기기보다는 오히려 많은 시간을 인터넷검색, 전화 및 이메일로 보내야 했다. 이런 불편함을 해소하기 위해 2014년 말, 미국에서 헤드아웃(Headout)을 공동창업했다.

현재 샌프란시스코, 인도 뱅갈, UAE 두바이 등 세계 여러 도시에 퍼져있다. 인도 사무소에는 엔지니어링 및 운영팀이 있지만 샌프란시스코와 두바이는 마케팅, 영업 및 비즈니스 개발 백본을 구성한다.

### 2) 운영형태

헤드아웃은 모바일 주문형 서비스로 여행자가 도시에서 가장 놀라운 활동, 이벤트 및 지역체험을 발견하고 예약하게끔 하는 주문형 모바일 쇼핑몰이다.

모바일의 편의성, 큐레이팅 투어, 최적의 가격 및 모바일 티켓발권을 결합하여 사용자에게 경험을 제공한다. 헤드아웃은 지역상인들과 제휴하고 모든 서비스 제공업체를 자사 플랫폼에 탑재한다. 공급업체는 이러한 헤드아웃 앱을 통해 비즈니스를 관리하고 수요에 따라 가격을 동적으로 조정할 수 있다.

### 3) 운영현황

설립 후 8개월 만에 헤드아웃은 2015년 4월에 미국에 기반을 둔 Version One Ventures, 500 Start-ups, Nexus Venture Partners 및 Arena Ventures에서 180만 달러 규모의 투자를 유치했다. 헤드아웃은 유럽 전역의 약 15개 도시에서 출시하고 싱가포르, 홍콩, 방콕 등 아시아의 일부 도시에서 출시할 계획이다.

## 12. 콘타아즐

### 1) 탄생배경

2007년 비니로베다(vinicius Roveda)는 브라질 전역의 MPE 온라인 관리소프트웨어 공급업체인 콘타아즐(ContaAzul)의 창업자이자 CEO이다. 콘타아즐은 수천 명의 중소기업 사장들이 브라질 시장의 복잡성을 해결할 수 있돌고 도와주는 클라우드 기반 플랫폼이다.

### 2) 운영형태

콘타아즐을 이용해서 온라인에서 재무, 세무, 회계, 상업, 재고관리를 한 곳에서 처리할 수 있다. 매달 약 10~100달러의 요금으로 이용 가능하며 이는 시중 타 업체대비 1/10 이상 저렴하다.

### 3) 운영현황

콘타아즐은 2013년 Monashees Capital 및 Napkn Ventures, Ribbit Capital로부터 시리즈A 투자를 유치했으며, 2013년 11월에 시리즈B 투자를 유치했다. 2년 후, 콘타아즐은 브라질 중소기업을 위한 회계 및 인보이스 발행솔루션의 선두 제공업체로 자리매김했다.

2013년 말까지 콘타아즐은 180,000개의 중소기업에 서비스를 제공했고, 투자금으로 신제품 개발하고 엔지니어 팀을 확대함으로써 기하급수적으로 성장할 수 있게 되었다. 2015년 2월에는 미국계 자금으로부터 시리즈C 단계 투자를 유치했다.

## 13. 언바운스

### 1) 탄생배경

릭 페레얼트(Rick Perreault)는 웹디자이너였다. 그는 고등학교 때부터 사업을 하지 못했고, 구글이나, 페이스북도 하지 않았고, 더구나 실리콘밸리 근처에 있지도 않았다. 단지 많은 회사에 웹디자인을 했었고, 고객의 마케팅 담당자와 제작한 사이트의 마케팅에 관해 회의를 자주했다. 그러다가 고객이 사이트에 방문해서 방문페이지를 만들 수 없다는 것을 알게 되었다. 웹사이트와 관련이 있는 IT 부서를 거쳐야하며, 이는 사람을 초조하게 만들고 시간도 많이 걸렸다. 이러한 점에 착안하여 그는 마케팅 담당자가 방문페이지를 만들 수 있는 더 나은 방법을 구축하기 위해 5명의 공동창업자가 동참할 것을 제안함으로 인해 밴쿠버에서 '언바운스(Unbounce)'가 태어났다.

### 2) 운영형태

언바운스는 마케팅 담당자에게 최고의 방문페이지 작성도구이다. 언바운스를 사용하면 일반적인 웹개발을 병목현상 없이 빠르고 쉽게 방문페이지를 작성, 게시 및 테스트를 할 수 있다. 언바운스는 항상 최고 품질의 성능을 보장하기 위해 99.99% 가동 시간을 보장하며 페이지가 더 빨리 로드되게 한다. 또한 전 세계의 다른 지역에 있는 4개의 서로 다른 데이터 센터는 속도가 절대로 손상되지 않도록 한다. 13,000명의 마케팅 담당자가 이러한 고효율 때문에 언바운스 서비스를 사용해 왔다.

언바운스 사용가격은 기본옵션은 월 79달러에서 월 99달러를 매년 지불해야 하고, 프리미엄은 월 159달러에서 199달러를 매년 지불, 엔터프라이즈는 월 399달러에서 월 499달러를 지불하는 사용 옵션으로 구성되어 있다.

### 3) 운영현황

언바운스는 소셜레버리지(Social Leverage) 벤처캐피탈에서 2011년 12월, 시드머니 85만 달러를 유치하고, 2012년에는 초기 투자에서 약 1백만 달러를 펀딩했다. 또한, 창업 후 16개월 만에 매월 5만 달러의 수익을 올렸다. 그 후 9개월 만에 10만 달러를 기록했다.

언바운스는 2014년에 퀘벡 주 몬트리올에 두 번째 사무소를 개설하여 캐나다와 미국 이외에 유럽, 호주 및 남미에서 사업을 시작했다. 또한 다양한 방문페이지가 서로 비교되고 평가되는 웹세미나, 포드캐스트 및 웹시리즈를 제작하기 시작했다. 2016년 언바운스는 베를린, 독일에 사무소를 개설했고, 캐나다에서 14번째로 가장 빠르게 성장하는 기술기업으로 선정되었다.

## 14. 졸버

### 1) 탄생배경

세실리아 레테구이(Cecilia Retegui)는 '졸버(Zolvers)'의 공동 설립자이다. 2013년 회사에서 일하면서 마리아나 소리베스(Mariana Sorribes)를 만나고 함께 졸버를 시작하기로 결정했다. 졸버는 사용자가 청소 및 가정작업상태가 되어있지 않은 상태에서 청소직원 또는 용역을 연결시켜주는 커뮤니티 플랫폼이다.

### 2) 운영형태

사용자는 완료할 작업을 게시하면 되며, 알고리즘은 위치, 기본 설정, 시간 및 일을 기준으로 작업에 대한 최상의 전문가(핸디맨, 클리닝 담당자, 배관공)를 찾는다. 졸버는 단 3단계 만에 청소 및 유지보수 서비스를 요청하고 신뢰할 수 있는 사람을 몇 시간 만에 만날 수 있다. 회사의 플랫폼 내에서, 사용자는 일정, 다림질 포함인지, 아닌지, 내부의 침대여부에 따라 차등요금을 지불한다. 졸버는 최대 4번까지 서비스하는 사람을 바꿀 수 있는 보증서비스가 있다. 모든 거래는 졸버의 플랫폼을 통해 이루어져 수수료를 수취한다. 서비스의 경우 졸버는 필요한 요구사항에 따라 요금을 청구하지만 평균 $300선이다.

### 3) 운영현황

졸버는 2014년 5월 시드머니를 맥시코 스타트업 기금으로 5만3천 달러를 유치했고, 2014년 12월에 Jaguar Ventures로부터 50만 달러를 유치했다. 현재 졸버에는 직원 및 고용주를 비롯한 30만 명이 넘는 사용자가 있으며 아르헨티나, 멕시코, 에콰도르, 칠레 및 콜롬비아에서 운영되고 있다.

## 15. 웜플리

### 1) 탄생배경

2011년 센프란시스코 제레미 리처드슨(Jeremy Richardson), 토비 스캠멜(Toby Scammel)은 미국의 중소기업이 기술력이 부족한 것을 목격한 후 이를 해결하기 위해 '웜플리(womply)'를 창업했다.

웜플리는 중소기업이 디지털 세상에서 성공할 수 있도록 돕는 기술 회사이다. 웜플리 소프트웨어는 중소기업이 온라인평판을 높이고 고객을 참여시키며 다른 곳에서는 얻을 수 없는 데이터기술로 기업의 상태를 모니터링할 수 있게 한다. 웜플리는 미국 내에서 가장 빠르게 성장하는 소프트웨어 회사 중 하나이며, 미국 전역의 400개 이상의 비즈니스 분야에서 100,000개 이상의 소규모 기업에 서비스를 제공한다. 취급하는 분야는 전자상거래, 신생기업, 사회적기업, 마케팅, 지불관리, 사기 예방, 지불관리, 제품개발 분야이다.

### 2) 운영형태

샌프란시스코에 기반을 두고 있는 웜플리의 소프트웨어는 중소기업 운영의 어려운 측면을 자동화 한다. 웜플리는 중요한 서류 작업과 암호를 위한 디지털 파일 캐비닛을 추가로 만들었다. 소규모 비즈니스를 운영하는 데 필요한 소프트웨어는 자동화 기능을 제공한다.

### 3) 운영현황

2016년 11월 중소기업 소프트웨어 개발자 웜플리는 Sageview

Capital이 이끄는 자금조달 라운드에서 3,000만 달러를 펀딩했다고 발표했다. 회사는 현재까지 총 5천만 달러를 펀딩했다.

대부분의 중소기업은 옐프(Yelp)와 같은 사이트의 온라인 리뷰를 유지하고 마케팅의 영향력을 측정하여 살고 있다. 소프트웨어가 없다면 비즈니스 소유자는 온라인 리뷰사이트를 정기적으로 확인하고 마케팅 캠페인이 작동하고 있는 데이터 자체를 시도하고 조정해야한다는 것을 기억해야한다. 지난 몇 년 동안 웜플리는 10만 명 이상의 유료 중소기업 고객을 확보하고 미국 신용카드 처리업계의 선도적인 소프트웨어 파트너가 되었으며 성장자금으로 5천만 달러를 모으고 샌프란시스코의 여러 사무실에서 수백 명의 직원으로 확장했다.

2014년 시리즈A Merus Capital로부터 시리즈A 자금을 유치하고, 2016년 Sageview Capital로부터 시리즈B 3,000만 달러를 유치하는 데 성공했다. 웜플리는 2016년부터 2017년까지 400개 이상의 산업에서 6만 명이 넘는 고객을 추가로 확보했다.

## 16. 버스틀

### 1) 탄생배경

버스틀(Bustle)은 2013년 브라이언 골드버그(Bryan Goldberg)에 의해 설립되었다. 그는 "20대 여성이 인터넷에서 읽을 수 있는 게 없다."고 주장한다. 버스틀의 창업 준비 과정에서 그는 글래머와 코스모폴리탄과 같은 전통적인 여성잡지에서 여성 관련 콘텐츠가 누락된 것으로 생각하여 수백 명의 여성들을 인터뷰했다. 버스틀은 여성들이 뉴스, 정치, 미용, 유명인 및 패션 트렌드에 관한 기사와 함께 배치되도록 고안되었다. 2014년 7월에 사이트 순방문자는 1,000만 명을 돌파했으며, 2016년 9월까지 웹사이트에는 5천만 명의 구독자가 있다.

### 2) 운영형태

버스틀은 여성을 위한 디지털 콘텐츠 사이트이다. 콘텐츠는 매월 8천만 명의 글로벌 독자에게 도달한다. 뉴욕시에 본사를 두고 있으며, 여성들에게 가장 중요한 이슈에 대해 이야기하는 미 전역의 제작자들과 협력하고 있다.

버스틀의 상거래에 대한 접근방식은 소비자 제품 관련 이야기에 대한 링크를 배치한 다음, 클릭이 판매로 바뀔 때마다 소매업체로부터 제휴클릭 수수료를 받는 것이다. 샴푸, 레깅스, 메이크업 등 버스틀이 최근 상업 관련 기사에서 다루었던 몇 가지 히트제품이다.

버스틀은 여전히 브랜드와 직접 거래를 하는 경우가 있지만, 현재 아마존 및 Skimlinks와 제휴거래의 대부분을 담당하고 있다.

### 3) 운영현황

버스틀은 5천만 구독자로 성장했으며, 거의 절반이 34세 미만의 여성이다. 2015년까지 버스틀은 46명의 전임 편집직원을 보유했다.

버스틀의 투자금유치는 2013년 실리콘밸리 창업보육프로그램과 Social Capital, Rothenberg Ventures에서 시리즈A 단계로 650만 달러를 유치했고, 2014년 7월 500만 달러를 유치, 2014년 12월 실리콘밸리 창업보육프로그램, General Catalyst로부터 1,550만 달러를 유치했고, 2016년 Social Capital, General Catalyst로부터 시리즈D 단계로 1,150만 달러를 유치했다. 그 당시 버스틀은 사이트를 리뉴얼하여 규모를 키웠고, 새로운 사이트에는 매일 70명 이상의 편집인과 200명의 기사를 올린 250명의 계약자가 있었다. 2017년 4월에는 Bustle Digital Group(버스틀 디지털그룹)으로 회사명을 변경했다. 현재까지 버스틀은 벤처캐피탈 자금 5,005만 달러를 유치했고, 기업가치는 200만 달러로 평가되고 있다.

# 17. 부스트미디어

## 1) 운영형태

부스트미디어(BoostMedia)는 검색, SNS, 비디오 또는 디스플레이 광고를 관리하는 마케터를 위한 최적화(Optimization) 플랫폼이다. 부스트미디어는 마케팅 담당자가 시간을 절약하고 창의적인 개발 노력의 결과를 향상시킴으로써 수익을 창출할 수 있도록 도와준다.

1,000명이 넘는 작가와 디자이너가 있는 부스트미디어는 가장 까다로운 디지털 캠페인을 만날 수 있는 규모와 반응시간을 제공한다. 마케팅 담당자는 창의적인 계층에서 문제와 기회를 모니터링하고 보고하도록 설계된 SaaS(서비스로써의 소프트웨어) 시스템에서 안심할 수 있다.

## 2) 운영현황

부스트미디어(부스트미디어)는 작가가 가정에서 일하는 동안 일관되고 잠재적으로 중요한 수익원을 창출할 수 있는 기회를 제공한다. On Demand(이용자의 요구에 따라 네트워크를 통해 필요한 정보를 제공하는 방식) 모델을 사용하면 작가는 자신의 시간을 선택할 수 있는 유연성과 자신이 선택한 프로젝트를 가정할 수 있으며, 인터넷에 액세스할 수 있는 모든 컴퓨터에서 작업할 수 있다. 수익을 창출할 잠재력은 작가의 경험, 효율성, 보고된 광고의 품질, 작가의 성적 등에 따라 크게 달라질 수 있다. 작가에게 수수료는 광고주가 부담하며 부스트미디어는 광고주를 찾고 콘테스트를 운영하는데 필요한 서비스요금을 받는다. 부스트미디어는 2011년에 시드머니를 Founder collective에서 160만 달러를 유치하고, 2012년 Javelin Venture Partners, Western Technology Investment에서 시리즈A 135만 달러를 유치했고, 2013년에 Battery Ventures, Javelin Venture Partners에서 시리즈B 자금 800만 달러를 유치했으며, 2014년에는 Battery Ventures, Javelin Venture Partners에서 시리즈C 1,900만 달러를 유치하여 총 3,000만 달러를 유치했다.

## 18. 트레이디시

### 1) 탄생배경

트레이디시(Tradesy) 창업자 트레이시 디눈지오(Tracy DiNunzio)는 어느 날 그녀의 지저분한 옷장을 쳐다보며 그녀가 사용하지 않는 물건으로 가득하다는 것을 깨달았다. 그녀는 한 번 착용했던 웨딩드레스, 신었던 신발, 더 이상 입지 않는 바지를 보았다. 갑자기 그녀는 사용하지 않는 이런 것들을 정리하고 싶어졌다. 어디에서 쉽고 안전하게 다른 사람들에게 자신의 물건을 팔 수 있을까? 고민하던 끝에 온라인 옷장을 만들기로 결심했다. 그것을 하기 위해 그녀는 부엌 테이블에서 열심히 일했으며, 소파에서 잠을 자고 초기 개발비를 조달하기 위해 에어비앤비에서 침실을 빌렸다. 2012년 10월 24일, 7명으로 구성된 팀으로 트레이디시가 공식 출범했다.

### 2) 운영형태

이렇게 시작된 트레이디시는 현재 중고 명품거래 중개 사이트로 발전했다. 트레이디시의 판매중개 수수료는 $50 미만으로 판매된 품목에 대해 $7.50의 균일 수수료를 공제한다. 판매된 품목이 $50 이상인 경우, 트레이디시는 19.8%의 수수료율을 공제한다. 상품이 판매되면 구매자에게 직접 배송되며 패키지 업데이트를 추적하면 수입이 보류 상태가 된다. 거래는 모든 거래의 보안을 위해 구매자에게 상품이 전달된 후 최대 21일 동안 판매자의 대금을 판매로부터 보류할 수 있다.

## 3) 운영현황

오늘날, 트레이디시는 수백만 명에게 서비스를 제공하고 Richard Branson 및 John Doerr와 같은 상징적인 투자자로부터 후원을 확보했으며 각종 언론매체에서 많이 알려져 있다. 트레이디시는 사람들이 중고패션을 사고파는 방법을 일깨우기 시작하여 많은 거래양을 이끌고 있다.

2012년 시리즈A 자금을 Rincon Venture Partners에서 150만 달러를 유치했고, 2014년 시리즈B 자금을 Kleiner Perkins Caufield Byers, Rincon Venture Partners에서 1,300만 달러를 유치했으며, 2015년 시리즈C 자금을 Kleiner Perkins Caufield Byers, Rincon Venture Partners에서 3,000만 달러를 유치했다. 2016년에는 Kleiner Perkins Caufield Byers, Rincon Venture Partners에서 3,000만 달러를 유치에 성공했다.

## 19. 봄펠

### 1) 탄생배경

제이슨 킴(Jason Kim)과 버니 유(Bernie Yoo)는 12년 동안 하버드대 룸메이트였으며, 졸업 후에 제이슨과 버니는 자신들의 상황에 맞는 옷을 고를 시간과 노하우가 부족하다는 것을 알았다. 이러한 불편을 해소하고자 둘은 2011년에 봄펠(Bombfell)을 만들었다.

봄펠은 옷을 골라달라고 부탁하는 불편을 사이트 내에서 스타일리스트 등 전문가그룹을 형성하여 쉽게 스타일을 선택받도록 시스템화하면 될 것이라고 해서 시작되었다.

### 2) 운영형태

남성용 온라인 쇼핑몰로서 무료배송 및 반품을 제공하며 남성용 맞춤의류 플랫폼을 제공한다. 봄펠은 다양한 질문들로 구성되어 고객이 자신의 스타일에 잘 어울리는 아이템을 얻을 수 있도록 한다. 신체측정 및 의복크기에 대한 일반적인 질문 외에도 퀴즈를 통해 자신의 스타일, 좋아하는 브랜드 및 절대로 입지않는 품목을 설명해 줄 것을 요청한다.

스타일리스트는 고객의 질문 답변을 활용하여 항목을 수작업으로 만든다. 스타일 선택이 끝나면 스타일 미리보기를 통해 미리보고 스타일리스트와 의견을 나눌 수 있다. 결국 최종 결과는 매번 만족스러운 배송박스이다.

봄펠에서는 사용하는 모든 것에 대해 $20 스타일링 비용을 지불해야 한다. 더 많은 아이템을 보관할 때는 최대 20%가 할인된다.

## 3) 운영현황

회사는 최근 시드머니로 73만 달러를 펀딩했다. 봄펠은 고객이 흥미를 가질만한 제품과 서비스를 강조하고, 구매할 경우 상거래파트너가 판매한 수익의 일부를 얻을 수 있다. 봄펠에서는 종종 테스트를 위해 제조업체가 무료로 제품을 제공한다. 제조업체는 제품의 특징이나 추천여부에 대한 결정을 내리지 못하기 때문이다.

봄펠은 2013년 SOSV(시드라운드) 실리콘밸리 중소기업육성프로그램, Great Oaks Venture Capital, David Shen Ventures로부터 73만 달러를 유치했고, 2015년 시리즈A 단계로 700만 달러를 유치했다.

## 20. 기브슈어런스

### 1) 탄생배경

　스리랑카에서 태어난 제니퍼 라시아(Jennifer Rasiah)는 기브슈어런스(Givesurance) 설립자 겸 CEO이다. 그녀는 푸르덴셜 보험사에서 클레임 평가자로 시작하여 허브인터내셔널의 간부로 일하면서 보험업계에서 15년의 경력을 쌓았다. 그녀는 세계에서 진정한 변화를 만들고 싶었고 보험산업에 대한 지식과 자신의 타고난 욕구를 활용할 수 있는 기회를 보았다. 그래서 제니퍼는 기브슈어런스를 만들고 보험업계를 변화시켰다.

　2013년 설립된 기브슈어런스는 자선단체를 위한 기금 마련 플랫폼으로, 후원자는 기존 보험료를 통해 반복적으로 기부할 수 있다. 즉, 후원자는 따로 내는 비용없이 매년 기부를 할 수 있다. 현재 기브슈어런스는 운송업계에서도 동일한 기능을 수행하는 베타테스트를 진행 중이다.

　기브슈어런스 기부금 25달러가 소외계층에게 100끼의 식사를 제공하거나 아프리카 농촌 지역 아동을 위한 125권의 책을 제공할 수 있다고 밝힌다. 교육과 지속가능성의 추구를 통해 세계의 많은 사람들의 삶의 질을 향상시키는 목적을 가지고 있다.

### 2) 운영형태

　기브슈어런스는 대리인을 통해 고객을 확보하고 유지하는 수수료의 50%를 지출하는 대신 자선단체와의 파트너십을 활용하여 비영리단체에 기부금을 전달한다. 기브슈어런스는 자동차보험, 주택보험 또는 상업보험에 대한 보험중개인의 수수료로 전형적으로 지불되는 돈의 일부를 사용하고 이를 비영리단체에만 제공할 수 있는 기부금으로 전환한다. 이러한 자선 단체를 위한 기금 마련 플랫폼으로 운영되는 기브슈어런스는 자선단체 후원자들의 월간 보험료의 5%를 기존 보험료를 통해 선택한 자선단체에 기부로 돌려줄 수 있다. 본질적으로 사람들은 추가비용 없이 세계를 도울 수 있다.

기브슈어런스는 글로벌개발 비영리단체에서부터 지역식량, 의류, 은행에 이르기까지 다양하고 끊임없이 확대되는 다양한 범위의 지원을 하고 있다.

### 3) 운영현황

휴스턴 로케츠(Houston Rockets)의 레슬리 알렉산더(Leslie Alexander), 중국 우버로부터 자금을 유치했다. 지금까지 90만 달러를 받았으며 현재 40개 주에서 판매되고 있다. 보험회사가 많은 이익을 포기한다는 것은 이상하게 보일 수 있다. 그러나 기브슈어런스 설립자인 제니퍼는 보험사가 요즘 마케팅에 대해 지불하는 것을 고려할 때 의미가 있다고 말한다. 예시로, 가이코(GEICO)는 맥도날드나 나이키, 코카콜라보다 광고비로 더 많은 돈을 소비한다. 총체적으로, 업계의 고객확보비용은 보험이 필수품이기 때문에 일 년에 55억 달러 이상으로 늘어난다. 기브슈어런스는 이러한 광고비 보다 보험회사로 하여금 공익성을 통해 높은 홍보효과를 지닌다.

## 21. 카이트리더스

### 1) 탄생배경

차인투 파리키(Chintu Parikh)는 컴퓨터 공학을 전공하고 2011년 카이트리더스(KiteReader)를 창업하여 어린이 도서제작자 및 출판사, 부모 및 자녀, 사서 및 교사를 대상으로 전자출판 사업을 하고 있다.

### 2) 운영형태

카이트리더스는 어린이 그림 전자책을 제작, 판매 및 배포할 수 있는 플랫폼을 개발했다. 실리콘밸리에 본사를 두고 있다.

학업 성취도를 높이기 위해 아이들을 (3~8세) 즐겁게 하며 교육하는 인터랙티브 및 멀티미디어 전자책 및 앱을 제작한다. 이 회사는 자체 브랜드뿐만 아니라 Disney, Hallmark, Gibbs-Smith 등과 같은 다른 브랜드에도 게시한다. 창립 이래, 카이트리더스는 200종이 넘는 어린이 전자책 및 앱을 제작했다.

### 3) 운영현황

2013년에는 Prosper Women Entrepreneurs Fund 등으로부터 시드머니 10만 달러를 유치했다.

애플, 구글, 디즈니, 아마존, 소니 등 최고의 브랜드와 제휴했고, 전세계적으로 백만 부 이상을 판매하는 약 200종의 아동용 전자책을 출판했다.

## 22. 쿠포노미아

### 1) 탄생배경

쿠포노미아(Cuponomia)는 2012년 브라질에서 안토니오 미란다(Antonio Miranda)와 비니셔스 도넬라(Vinícius Dornela)가 창업했다. 2015년에는 콜롬비아, 칠레, 멕시코 등으로 확대되었다.

### 2) 운영형태

2012년 쿠포노미아는 사용자로 하여금 브라질 전자상거래 사이트에서 사용가능한 온라인 쿠폰 및 프로모션 코드를 찾을 수 있는 검색 포털을 제공한다. 사용자는 쿠폰을 클릭하고 코드를 보고 소매업체의 웹사이트로 가서 코드를 입력하고 주문을 마무리하기만 하면 된다.

창업 수익은 소매업체에서 발생하며 유료모델은 파트너십, 판매실적, 광고공간 판매, 클릭수, 뉴스레터배송 또는 특별캠페인참여 등을 기준으로 변경될 수 있다.

브라질에서 이러한 비즈니스 컨셉을 개척한 쿠포노미아는 2012년 9월에 출시되었으며 이후 2,500개 이상의 등록된 매장에서 이미 사용된 1,000만개 이상의 쿠폰을 실적으로 보유하고 있다.

### 3) 운영현황

쿠포노미아는 매년 백만 개 이상의 사용된 쿠폰으로 매월 4백만 달러 이상의 매출을 올렸다. 회사는 연간 100%에 가까운 성장률을 보였으며, 브라질 시장에서 온라인 할인쿠폰 단위가 확대되고 있다.

## 23. 비키

### 1) 탄생배경

비키(Viki)의 창업자 호방히미엔(Hovaghimian)은 미국과 유럽의
미쉘 메디슨 그룹(Mitchell Madison Group)에서 컨설턴트로 일하면
서 일본으로 이전하여 광고대행사 덴트수(Dentsu)의 경영컨설턴트로
일했다. 그리고 스탠포드 경영대학원에 입학하기 위해 미국으로 돌아
와 MBA를 받았다. 그는 스탠포드에서 수업 프로젝트를 시작하며 하
버드 대학교에서 교육기술을 전공한 공동창업자인 창성호와 그의 아
내인 문지원을 만났다. 이 팀은 비키를 만들고 운영하기 시작했다.

### 2) 운영형태

비키는 훌루(Hulu)가 미국시장에서 하는 것과 유사한 방식으로 프
리미엄 라이센스 콘텐츠를 스트리밍한다. 비키 플랫폼을 사용하여 모
든 콘텐츠 유형의 비디오를 실시간으로 자막처리하고 공유할 수 있다.
커뮤니티 회원은 자신이 선호하는 언어로 크리에이티브 커먼즈 라이
센스(CCL)하에 자막을 만들 수 있다. 비키의 자막기술을 사용하여 개
인이 한 번에 수십 개의 언어로 전 세계 공동작업을 할 수 있도록 한
다. 회사를 위해 개발된 자막 소프트웨어는 많은 자원봉사자가 160개
의 언어로 동시에 비디오를 변환할 수 있다. 비키는 넷플릭스 및 야후
등 배급사로부터 수수료수익을 받는다.

### 3) 운영현황

2011년 9월, 비키는 On-The-Go라는 앱을 선보여서 사용자가 스마트폰에서 콘텐츠를 볼 수 있게 하였다. 그 해에 삼성과 제휴하여 안드로이드 앱을 개발했다. 비키는 2011년 8월에 1,400만의 고유 조회수를 기록했다. 비키는 BBC Worldwide를 포함한 독창적인 콘텐츠를 발굴한 파트너 목록을 보유하고 있다. 비키는 또한 훌루, 넷플릭스, 야후와 같은 원본 콘텐츠 유통사와 유통계약을 체결했다. MSN, NBC, A&E뿐만 아니라 홍콩 TVB, 한국 SBS, 일본 후지TV와도 유통계약을 체결했다. 비키는 2013년 9월 일본 전자상거래 그룹 라쿠텐에 약 2억 달러에 인수되었다. 당시 비키에는 월 2,200만 명의 시청자가 있었으며 유럽, 아시아, 북미, 아프리카, 중남미 및 중동의 200개 이상 국가의 시청자를 보유하고 있다. 2014년 9월, 비키는 월 3천만 명의 시청자를 보유하게 되었으며 200개 언어로 번역된 콘텐츠를 보유하고 있다.

## 24. 케이핏

### 1) 탄생배경

케이핏(KFit)의 설립자 조엘 네오(Joel Neoh)는 그루폰 말레이시아
의 창업자이자 그루폰 아시아퍼시픽의 부회장으로서 잘 알려져 있다.
그는 현재 Fave의 설립자이기도 하다. 2015년 5월, 조엘은 아시아태
평양 지역의 피트니스 스튜디오, 수업 및 체육관에 사용자를 연결하는
플랫폼인 케이핏을 창립하였다. 저렴하고 편리한 피트니스를 제공하는
말레이시아에 기반을 둔 케이핏은 아시아에서 신생기업 중 하나로 탄
생되었다.

### 2) 운영형태

케이핏은 주변에 있는 피트니스 센터, 수업, 각종 레저스포츠를 찾
고 이용할 수 있게 해주는 서비스이다. 핸드폰에 케이핏 앱을 다운받
고 원하는 운동을 예약할 수 있다. 케이핏 Fitness Pass 계획을 통해
매월 최대 10개의 활동을 즐길 수 있다. 또한 활동에 대해 한 번만
구입할 수도 있고, 당신이 얻는 것을 좋아한다면 클릭 한 번만으로 언
제든지 케이핏 Fitness Pass로 업그레이드 할 수도 있다.

### 3) 운영현황

29만 명이 넘는 가입사용자가 월간 활동을 하고 있으며 5,000개가
넘는 체육관이 플랫폼에 등록되어 있다. 마사지 서비스, 스파 및 미용
실 서비스도 확장했다.

케이핏은 Groupon Indonesia를 인수 한 후 Groupon Malaysia 와 Groupon Singapore를 인수했다. 인수 이후 케이핏은 Fave, 케이핏, Groupon Singapore, Groupon Indonesia로 구성된 Fave Group으로 명성을 쌓고 있다. 케이핏의 투자유치는 2015년 Sequoia Capital에서 325만 달러를 유치했고, 2016년 Sequoia Capital 과 실리콘밸리 창업보육센터에서 시리즈A 1200만 달러를 유치했다.

## 25. 온로컬

### 1) 탄생배경

로이드 암브라스트(Lloyd Armbrust)는 온로컬(OwnLocal)을 2008년에 창업했다. 그렇게 시작된 온로컬은 2010년에 오스틴, 텍사스 기반의 디지털광고 전문 웹사이트를 구축했다.

### 2) 운영형태

온로컬은 OCR(광학문자판독장치) 기술을 보유하고 있다. 수백만 개의 광고를 처리하여 이를 개발할 수 있었다. 한 달에 수십만 개의 광고를 처리했으며 기술향상을 위한 많은 정보를 제공한다. 검색엔진 마케팅을 최적화하고 디스플레이 광고캠페인을 수행하고 온라인 중소기업을 위한 전반적인 그림을 실제로 개선하는 웹사이트를 개발하는 것과 유사한 기술을 보유하고 있다. 그리고 이러한 모든 것들이 자동화되었기 때문에 비용대비 매우 효율적이다. 일일 거래는 48시간 이내에 고객에게 필요한 전문 도구 (전문 작문 포함)를 제공한다. 온로컬의 서비스요금은 7.5%와 은행 수수료로 시작된다.

### 3) 운영현황

2011년 10월, 온로컬은 WordPress의 개발자인 Automattic이 이끄는 자금 조달 라운드에서 공개되지 않은 금액을 유치했다. 2015년 3월, Sidengo를 인수했다. Sidengo는 디자인이나 기술이 없는 사람들을 위해 사용하기 쉬운 웹사이트이다. 2016년 3월, Inbound

Press를 인수했다. Inbound Press는 Andrew McFadden이 캘리포니아 주 오렌지 카운티에서 만들었다. 이 회사의 주력 제품인 스마트 미디어 키트(Smart Media Kit)는 신문을 위한 새로운 광고 리드를 창출하는 검증된 프로세스이다. 온로컬은 2016년 6월 스마트 미디어 키트를 제품에 추가했다. 온로컬이 이렇게 관련회사들을 계속 인수하는 것은 여러 가지 이유가 있지만, 대표적으로는 자체 플랫폼에서의 서비스 강화 및 확대로 기존에 자체 플랫폼에 참여하고 있는 참여자에게 더 많은 혜택을 주기 위한 것이다. 또한 이렇게 인수합병함으로 인해서 경쟁업체와의 경쟁을 피할 수 있으며, 경쟁이 없는 거대 플랫폼 기업으로 가기위한 전초단계인 것이다. 현재 거대 플랫폼 기업으로 진행하고 있는 구글과 아마존이 그런 사례이다.

## 26. 심플프린트

### 1) 탄생배경

매트 설리번(Matt Sullivan)은 심플프린트(SimplePrints)를 창업했다. 심플프린트의 임무는 사진으로으로 사진첩이나 포토북을 쉽게 만들 수 있게 해준다.

### 2) 운영형태

사진을 8x8인치 하드커버 및 20 ~ 200페이지의 어느 곳에서나 저장할 수 있는 소프트커버 책으로 주문제작할 수 있게 한다. 책은 페이지당 4개의 이미지를 저장할 수 있기 때문에 최대 사진을 800장까지 업로드 할 수 있다. 소프트커버 책은 20페이지 14.99 달러, 하드커버 책은 29.99 달러로 시작한다. 각 여분의 페이지 비용은 50센트이다.

### 3) 운영현황

신용평가를 위해 심플프린트는 어려움에도 불구하고 상당히 잘해왔다. 설리번은 현재 4백만 달러에서 5백만 달러의 수익을 올리고 수익성이 있다고 말한다. 또한 심플프린트를 사용하기 전에 2/3의 고객이 사진첩을 구입 한 적이 없었으며, 평균 주문 당 40달러 이상을 지출하는 고가치 고객을 유치하기도 했다.

심플프린트의 투자유치는 2012년 35만 달러를 투자유치했고, 2013년 15만 달러를 유치, 2014년에는 50만 달러에서 백만 달러 유치에 성공했다.

# 27. 겟픽

## 1) 탄생배경

겟픽(Getepic) 공동창업자 수렌마코시안(Suren Markosian)과 케빈도나휴(Kevin Donahue)는 학교에 다니는 독자들을 위해 특별히 만들어진 모든 것을 읽을 수 있는 전자플랫폼을 만들었다. 최고계층의 투자자와 어린이 출판업계의 베테랑의 지원을 받아 재능있는 팀을 구성하여 만들었다. 겟픽은 2014년에 설립되었으며 캘리포니아주 레드우드 시티에 본사를 두고 있다.

겟픽은 가정용 및 학교에서 5백만 명의 어린이에게 무제한 독서 및 학습을 제공하는 어린이를 위한 최고의 디지털 미디어 브랜드이다. 2만5천 권의 도서에 무제한 액세스가 가능한 재미있고 안전한 어린이 환경에서 학습하도록 장려한다.

## 2) 운영형태

2015년에 교실에서 독서와 교사를 지원하기 위해 '에픽!(Epic!)'을 출시하여 초등교사와 학교도서관사서가 무료로 이용할 수 있도록 하여 현재 미국 초등학교의 87%에서 사용된다. 읽기 및 문맹퇴치에서부터 역사, 지리, 예술, 과학 및 수학에 이르기까지 다양한 주제에 대한 학생들의 학습을 지원한다. 또한 교사는 에픽의 콘텐츠를 기반으로 수십만 개의 공유할 수 있는 독서목록과 퀴즈를 만들었으며 어린이, 학부모 및 기타 교사를 위한 더욱 풍부한 학습 환경을 제공한다.

### 3) 운영현황

HarperCollins, Macmillan 및 Nat Geo Kids와 같은 250개의 주요 출판사와의 파트너십을 통해 미국 및 전 세계의 어린이에게 탁월한 콘텐츠를 제공한다. Forbes, Parenting, Techcrunch, THE TODAY Show 등에 소개되었으며 투자유치는 2014년 1월 Morado Venture Partners와 벤처캐피탈사로부터 140만 달러를 유치했고, 2017년 5월 Translink Capital과 Reach Capital로부터 시리즈C 자금 800만 달러를 유치했다.

## 28. 고필라

### 1) 탄생배경

2012년 누구나 인테리어 디자인의 사업을 위해 쉽고 저렴하게 원하는 인테리어 서비스를 제공해주기 위해 웹 플랫폼 고필라(GoPillar)가 디자이너와 고객을 연결하는 인테리어 디자인 크라우드소싱 플랫폼으로 이탈리아에서 런칭했다.

### 2) 운영형태

디자이너가 실제로 내 부동산을 방문하지 않고도 견고한 프로젝트를 제공할 수 있다. 고필라의 혁신은 원격설계를 위한 새롭고 기능적인 방법론을 기반으로 한다. 디자이너는 콘테스트 시작 순간에 각 고객이 작성하는 간단한 설명을 읽어 개념프로젝트를 실현하는 데 필요한 모든 정보에 액세스 할 수 있다. 실제로 고객이 업로드한 평면도와 그림 덕분에 설계자는 공간의 형태를 완벽하게 재구성할 수 있다. 평가과정이 끝나면 프로젝트가 순위에서 처음 5위 안에 들 경우 해당 순위의 상품이 자동으로 페이팔 계정으로 지급된다. 경쟁마감일이 지나면 모든 프로젝트를 보고 신중하게 연구하고 각 프로젝트에 점수를 매길 수 있다. 주어진 점수에 따라 업로드 한 프로젝트의 순위를 정하고 대회의 5명의 우승자를 결정한다.

### 3) 운영현황

미국에서는 Federico Schiano Di Pepe, Filippo Schiano Di

Pepe, Alessandro Rossi 등 3명의 기업가가 60만 달러의 자금을 유치했다. 이제 고필라는 해외에서 서비스를 하기 위해 2차 펀딩을 모집하고 있다.

# 29. 스터디숩

## 1) 탄생배경

시에바 코진스키(Sieva Kozinsky)는 스터디숩(StudySoup)의 공동 창업자이자 CEO이다. 시에바는 교육 회사 운영에 대한 독특한 시각을 가지고 있다. 그는 고등학교와 대학전체에서 경험한 좌절감을 느낀 것에 대한 해결책으로 스터디숩을 시작했기 때문에 교육회사 운영에 대한 고유한 관점을 가지고 있다. 지난 3년 동안 스터디숩은 학생들이 학교에서 도움을 청할 수 있는 미국 최대시장이 되었다.

## 2) 운영형태

스터디숩은 여러분의 수업에서 최고의 성적을 선보이며, 항상 우수한 성적을 유지하고 훌륭한 성적을 얻는 데 도움이 되는 내용을 담고 있다. 스터디숩는 교실에서 약간의 추가 도움을 필요로 하는 학생들과 최고의 학생을 연결하는 온라인 P2P(peer to peer) 쇼핑몰이다.

스터디숩을 이용하는 사람들의 요구는 수업내용, 교수 또는 메모 작성자에 의한 노트필기, 학습가이드 및 개인교습서비스이다. 약 2,000명의 노트작성자, 150개의 학교와 50만 명 이상의 학생들이 스터디숩 네트워크의 일부이며, 구독료는 한 달에 11~30달러이다.

## 3) 운영현황

시에바는 1776 DC와 같은 투자자로부터 자금 170만 달러를 확보했다. 한 해에만 1만 5천 건이 넘는 제출물이 만들어졌다.

## 30. 버룰

### 1) 탄생배경

버룰(Virool)의 CEO인 알렉산더 데블로프(Alex Debelov)는 버룰 비디오를 홍보하기 위한 플랫폼의 기업가, 투자자, CEO로 2012년 여름 와이콤비네이터(YCombinator)에서 비즈니스 인큐베이터를 통과했다. 알렉산더는 처음에 회사를 설립했을 때 누구나 비디오를 온라인으로 홍보할 수 있는 쉬운 방법을 만들고 싶었다. 그 이후로 버룰은 유튜브와는 다르게 다양한 프리미엄 사이트, 블로그, 페이스북을 통해 게시자와 파트너십을 구축하고 사람들이 웹에서 비디오를 홍보할 수 있도록 했다. 동영상 게시자는 본질적으로 사이트의 가치를 떨어뜨리지 않는 방식으로 더 많은 돈을 벌기를 원하며 버룰이 홍보하는 수천 개의 동영상에 액세스 할 수 있는 방법을 만들고 싶다. 버룰은 셀프서비스 플랫폼으로 3만 명 이상의 사용자 기반을 구축했으며, 브랜드와 퍼블리셔가 매력적인 콘텐츠를 홍보할 수 있도록 돕는 데 중점을 두었다. 그리하여 버룰은 BlogHer, Forbes, Rolling Stone, WestJet, Under Armour, Heineken을 비롯한 다양한 게시자 및 광고주의 동영상을 홍보하고 있다.

### 2) 운영형태

버룰은 모든 규모의 브랜드 및 에이전시에 대한 비디오광고 환경을 단순화한다. 버룰은 100% 수준의 투명성, 강력한 타켓팅 기술 및 10만 명이 넘는 프리미엄 퍼블리셔를 통해 디지털 비디오배포를 위한 원스톱 쇼핑센터가 된다. 버룰은 프로그래밍 기술을 활용하여 주요 영향력 있는 사람들에게 다가갈 수 있는 콘텐츠를 보다 매력적이고 쉽게 공유할 수 있게 해주는 브랜드 마케팅 담당자를 위한 비디오 배포 플랫폼이다. 버룰의 강력한 ActivView 제품 세트 및 기사 내 기본 장치를 통해 75,000 가지 이상의 글로벌 캠페인을 수행하여 가시성 보장, 정서적 공명 및 사기 보호를 제공하는 완전하고 통찰력 있는 분석을 제공한다. 버룰은 라이센스 비용과 조회 당 비용 (VOD) 모델을 갖춘 SaaS(서비스로서의 소프트웨어)플랫폼이 캠페인별로 제공된다. 자체 셀프서비스 플랫폼은 비즈니스의 80%, 대행사 및 대형 브랜드가 20%를 관리하고 있으며, 고객을 위해 헌신적인 팀을 두고 있다.

## 3) 운영현황

버룰은 TMT Investments와 Flint Capital을 포함하여 1,850만 달러를 펀딩했다. Alexander Debelov의 주요 투자분야는 미디어 및 광고기술이다. 또한 버룰은 시리즈A 자금으로 1,200만 달러를 펀딩했다.

## 31. 코티자 앤 콘트라타

### 1) 탄생배경

코티자 앤 콘트라타(Cotiza & Contrata)의 창업자 사무엘 다니엘(Samuel Daniel)은 2013년 멕시코에서 서비스를 계약하는 방식을 새롭게 바꾸었다. 코티자 앤 콘트라타는 멕시코의 서비스 제공업체와 가정, 애완동물, 전문가, 이벤트 및 당사자를 위한 서비스를 찾는 회사 및 개인을 연결한다. 최소한의 요구 사항을 충족하는 공급업체에 보내지는 서비스 요청을 통해 마케팅 서비스를 위한 플랫폼으로, 회사 또는 요청한 사람에게 기술 및 경제적 제안을 보낸다. 전통적인 방식과 차별화요소는 실제로 관심이 있고 요청을 충족하는 데 필요한 사람들의 의견을 받게 된다는 것이다. 이렇게 하면 공급업체 및 서비스에 대한 신중한 카탈로그가 있기 때문에 검색을 걱정하지 않아도 되므로 시간을 절약 할 수 있다.

### 2) 운영형태

코티자 앤 콘트라타는 시간과 돈을 절약하고 최고의 공급자를 고용하는 5가지 견적을 얻기 위해 전문적인 서비스와 손쉽게 연락하는 회사 또는 세부정보를 제공하는 시장이다. 서비스 제공업체는 전문직 프로필을 작성해야하며 기술 및 위치와 관련된 서비스 요청에 접근할 수 있다. 서비스 요청을 하는 것이 자유롭다. 그러면 코티자 앤 코트라타는 최소한의 요구사항을 충족하는 공급업체에 서비스 요청을 전달하고, 공급업체는 회사 또는 요청한 사람에게 기술 및 경제적 제안을 보낸다. 홈서비스, 이벤트 및 파티 서비스, 전문 서비스 및 자동차 산업서비스 등 다양한 분야의 서비스업이 이루어지고 있다.

## 3) 운영현황

코티자 앤 콘트라타는 Federal District의 Lindavista에 본사가 있다. 178만 달러의 매출과 6명의 직원을 보유하고 있다. 2017년 8월 기준, 페이스북에 85,000명의 팔로워가 있으며, 트위터에는 77,000명의 팔로워가 있다.

Escala.vc Venture Capital로부터 투자를 받았는데 정확한 금액은 알려지지 않았다.

# 32. 인그레스

## 1) 탄생배경

인그레스(Ingresse) 창업자 가브리엘(Gabriel)은 스탠포드 대학에서 행동경제학을 공부했다. 가브리엘은 게임 이론, 협상 기술과 갈등 중재에 매료되어 그룹 작업을 위한 워크숍을 지도하고 가브리엘은 실리콘밸리(Silicon Valley)에서 100개 이상의 이벤트를 완료했으며, 사람들이 더 많이 성장할 수 있는 플랫폼인 인그레스를 설립했다. 탄생시점인데도 불구하고 이 플랫폼은 UFC 토너먼트부터 국제쇼에 이르기까지 1,000가지 이상의 이벤트를 주최했다. 인그레스는 브라질 최초의 소셜 발권회사로서 고객이 사랑하는 사람들과 함께 즐길 수 있는 투어를 제공한다. 오늘의 행사축제와 축제, 극장 등 문화 이벤트 티켓을 제공하고 있다.

## 2) 운영형태

플랫폼의 작동은 매우 간단하다. 누구나 사이트에 등록하고 무료로 이벤트를 만들 수 있다. 주최자는 티켓의 날짜, 위치 및 가격을 설정해야 한다. 이벤트의 매력을 묘사하고 사진을 사용하는 것도 가능하다. 이 과정은 페이스북에서 이벤트를 만드는 것과 비슷하며, 주최자는 인그레스의 플랫폼을 자체웹사이트 및 소셜네트워킹 페이지에 통합할 수 있다. 그렇게 하면 인그레스 웹사이트를 통해 판매가 반드시 이루어질 필요는 없다.

반면 인그레스에 액세스하는 사용자는 해당 도시 또는 지역의 예정된 이벤트 목록을 볼 수 있다. 관광 명소를 선택한 후, 티켓 구매는 어음 또는 수표, 신용카드로 이루어진다. 사용자는 평균 10%의 수수료를 인그레스에 지불한다. 금액은 티켓 가격에 따라 다르며 구매시 전자메일, SMS 또는 Android 및 iOS용 앱으로 디지털 티켓이 발송된다. 주최자는 성별, 연령, 거주지 및 이벤트 참가시간과 같은 잠재고객의 데이터를 실시간으로 추적할 수 있다. 행사 종료 후 영업일 기준 2일 이내에 티켓 판매금액이 주최자에게 전달된다.

### 3) 운영현황

2012년 등장한 이래, 이 회사는 이미 약 20만 개의 티켓을 판매했다. 2013년 월평균 성장률은 50%이다. 성명서에 따르면, 회사의 주요 혜택 중 하나는 모바일 발권 애플리케이션을 대중화하여 이를 사용자를 위한 이벤트 추천시스템으로 변형시키는 것이다. 또한 2014년에는 상파울루 외의 다른 수도에 지점을 개설하기 위해 이벤트 분야의 경험이 풍부한 전문가를 고용하여 팀을 확장할 계획이다.

## 33. 카로셀

### 1) 탄생배경

퀵 시우 루이(Quek Siu Rui), 루카스 엔구(Lucas Ngoo), 마커스 탄(Marcus Tan)은 2012년 싱가포르에서 카로셀(Carousell)을 설립하였다. 루카스)는 회사의 엔지니어링 측면을 담당하고, 시우 루이는 제품경험을 다루는 반면, 마커스는 디자인 부분을 관리한다. 팀의 비전은 P2P로 라이프 스타일을 사고파는 것이다.

창업자 시우루이(Siu Rui)는 "사람들이 경제적이고 합리적으로 폐기물을 줄이기 때문에 중고상품을 사고파는 것이 자연스럽다"고 한다.

카로셀은 스마트폰 사용자가 포럼, 블로그 등과 같은 기존 채널보다 훨씬 단순한 방법으로 무엇이든 사고팔 수 있도록 설계된 쇼핑몰이다. 각 판매자는 물건을 나열 할 수 있는 카로셀내에 미니 홈페이지가 있다. 무언가를 판매하려면 먼저 사용자가 카로셀 응용 프로그램으로 사진을 찍는다. 그런 다음 앱의 기본 제공 필터를 사용하여 항목을 눈에 띄게 만들고 항목이 나열되기 전에 간단한 설명이 추가된다.

### 2) 운영형태

카로셀은 신규 및 중고 상품을 사고파는 쇼핑몰이다. 카로셀은 싱가포르, 말레이시아, 인도네시아, 대만, 홍콩, 호주 및 미국 내에서 운영된다. 언제 어디서나 단 30초 만에 빠르게 등록하고 상품들을 구매할 수 있다. 등록수수료, 결제수수료는 모두 무료이다.

판매자는 찍고, 올려서 집에서 사용하지 않는 물건을 판매함으로써

집 공간도 넓히고 돈도 벌 수 있다. 물품 등록 시 특정 카테고리뿐만 아니라 카로셀의 그룹에도 물품을 등록하게 할 수 있어 더 많은 구매자들에게 노출시킬 수 있다. 물품을 페이스북의 타임라인 및 그룹, 트위터 그리고 인스타그램까지 탭 하나로 연동가능하다.

### 3) 운영현황

2013년에 라쿠텐과 골든게이트벤처, 그리고 몇 가지 다른 투자자 카로셀에 1백만 달러를 투자했다. 이어서 2014년 11월 카로셀은 Sequoia India로부터 6백만 달러의 투자를 받았다고 발표했다. 2016년 8월 카로셀은 Series V 자금 조달 라운드에서 라쿠텐 Ventures, Sequoia India, Golden Gate Ventures 등으로부터 3,500만 달러를 펀딩했다. 2016년 2,300만 개가 넘는 항목이 카로셀에서 판매되었으며, 사용자는 5,700만 개가 넘는 신규 및 중고상품을 등록했다.

## 34. 스킴링크스

### 1) 탄생배경

2007년 런던에서 앨리시아 나바로(Alicia Navarro)와 조스테픈위스키(Joe Stepniewski)에 의해 시작되었다. 스킴링크스(Skimlinks)는 게시자용으로 제작된 콘텐츠 수익창출 플랫폼이다. 스킴링크스의 기술은 온라인 게시자를 위한 혁신적인 솔루션을 만드는데 집중했다.

### 2) 운영형태

스킴링크스는 회사의 첫 번째 제품이며 2008년에 출시된 이 사이트는 클릭시 추적태그를 추가하여 사용자 사이트의 기존 제휴되지 않은 링크와 제휴한다.

SkimWords는 스킴링크스 제품군의 두 번째 제품이다. 2010년에 제작되었으며 자연어 처리기술을 사용하여 제품 참조 및 브랜드 이름과 같은 특정 문구를 관련 온라인 소매업체에 연결한다.

쇼케이스 - 2013년 5월에 출시되었으며 지역 타켓의 관련 제품 제안을 생성하기 위해 SkimWords와 유사한 기술에 의존하는 콘텐츠 인식으로 시각적 제품디스플레이다.

스킴링크스는 자동으로 제품 링크를 추적 가능한 제휴 링크로 변환한다. Time Inc, BuzzFeed, CondéNast 및 Hearst와 같은 게시자는 전 세계 24,000명이 넘는 가맹점과 연결하여 상업 관련 콘텐츠 및 쇼핑데이터로 수익을 올릴 수 있다. 스킴링크스는 세계적으로 5만 5천명 이상의 게시자가 150만 도메인에서 사용되고 있다.

### 3) 운영현황

스킴링크스는 80명 이상의 직원을 보유하고 있으며 2013년 8월 현재 2천4백만 달러의 펀딩을 받았다. 런던과 뉴욕에 지사를 두고 있으며, 2014년, 스킴링크스는 2만개 이상의 판매업체에서 6억2,500만 달러의 매출을 올렸다.

스킴링크스는 SkimWords 기술을 강화하기 위해 2011년 경쟁업체인 Atma Links를 인수했다. 2013년 Greycroft Partners 벤처캐피탈, Hiro Maeda를 시작으로 2014년 실리콘밸리뱅크(Silicon Valley Bank)로부터 230만 달러를 유치하고, 2015년 시리즈C 자금 1,600만 달러를 유치했다.

## 35. 키위코

### 1) 탄생배경

샌드라(Sandra)는 마음을 끌기를 좋아하는 여섯 살짜리 소녀의 엄마이다. 샌드라는 P&G(Procter & Gamble)에서 제품개발 경력을 쌓기 시작했다. 실리콘밸리 신생회사에서 제품관리업무를 수행한 후 샌드라는 페이팔(PayPal)에 합류했다. 이후 eBay를 거쳐 아이들의 실습과 학습에 대한 플랫폼을 만들었다.

키위코(KiwiCo)는 아이들의 자연스런 창의력과 호기심을 기리고 어린이들에게 풍성한 경험을 제공하고자하는 부모님을 돕기 위해 만들어졌다.

### 2) 운영형태

키위코(KiwiCo)는 3세에서 8세 사이의 초기 키위 크레이트(Kiwi Crate) 연령대에서 3~4세까지의 코알라 크레이트(Koala Crates), 팅커(Tinker) 9~14세 이상의 어린이를 위한 상자, 9~16 세 소녀를 대상으로 한 기념일 로고상자 등을 운영한다. 그 다음으로, 키위 크레이트 제품을 전국 및 온라인상점에 제공함으로써 전통적인 소매유통망을 구축했다. 키위 크레이트 특정 매장 내 이벤트를 위해 Pottery Barn Kids와 협력해 왔으며, 유아용 교육용 출판사 하이라이트(Highlights for Children)와 제휴하여 유치원 세대의 상자를 판매하고 있다. 한 달에 19.95달러(또는 1년에 205달러)를 받는 아이들은 색, 공룡, 원예, 음악, 조형물, 공간, 바람과 같은 월간 테마로 적어도 두 개의 예술 프로젝트, 과학 실험 또는 상상력이 넘치는 놀이활동을 위한 자료로 가득 찬 큐레이션 상자를 받는다.

### 3) 운영현황

지금까지 키위코의 방법은 상당한 호응을 얻고 있다. 그녀는 총 가입자 수를 줄이기는 했지만 2011년부터 1백만 개 이상의 상자가 판매되었다고 하면서, 직원 수는 5명에서 35명으로 늘어났으며, 키위코는 2015년 매출이 전년 대비 80% 성장했고, 이 회사는 2011년 10월에 2백만 달러의 시드머니 지원을 받았다. 2012년 1월에는 시리즈 A 자금으로 5백만 달러, 그리고 2014년에는 1,270만 달러의 비공개 투자를 받았다.

## 36. 뱅고아트

### 1) 탄생배경

에단 제임스 애플비(Ethan James Appleby)는 탐험가이며 사업가로서, 예술분야의 첫 번째 모바일 시장인 뱅고 아트(Vango Art)의 창업자이자 CEO이다. 뱅고아트의 배경은 본질적으로 혁신을 위한 방법론인 디자인적 사고에 있으며, 공감으로 시작하고 사용자의 요구사항을 이해하고 프로토타이핑19) 및 테스트를 진행한다.

### 2) 운영형태

뱅고아트는 구매자들을 독립예술가와 연결하는 온라인 쇼핑몰이다.

뱅고는 각 사용자에 맞게 맞춤설정된 원본 아트를 권장한다. 아티스트는 저렴한 가격대로 판매를 시작하며 더욱 다양한 가격대로 제품을 팔 수 있다. 뱅고아트는 아티스트는 판매하는 작품의 가격에서 20%의 수익을 얻는다.

### 3) 운영현황

뱅고아트는 사람들이 예술품을 집에 가져오지 못하게 하는 가장 큰 장벽 중 하나는 '가격'이라는 것을 깨달았다. 그들의 결정에서 가장 중요한 부분은 아니었지만, 두 번 생각하게 만들었다. 우리가 예술 바이어들에게 들려주는 공통적인 걱정은 "이 작품은 왜 500달러이고 비슷한 작품은 5000달러인가?"였다.

---

19) 소프트웨어 시스템이나 컴퓨터 하드웨어 시스템을 본격적으로 생산하기 전에 그 타당성의 검증이나 성능 평가를 위해 미리 시험삼아 만들어 보는 모형제작방법

포괄적인 가격정책은 뱅고아트에 표시된 가격에 작품가격과 배송비가 포함된다는 것을 의미한다. 이전 가격책정 방법은 재정적으로 비효율적이었고 일부 품목의 가격이 부풀려지기 때문에 뱅고아트는 스마트 가격정책을 비즈니스의 효율성을 높이고 예술작품에 대한 과장된 가격책정을 강요하지 않아도 되게 만들었다.

구매자는 작품의 가격이 매우 높을 때 쉽게 혼란스러워 할 것이다. 특히 이전에 아티스트의 이름을 접한 적이 없는 경우 특히 그렇다. 뱅고아트를 시작했을 때 아마추어 아티스트의 작품가격이 너무 비쌌으므로 가격을 제어할 수 있는 방법을 찾아야 했다. 똑똑한 가격책정을 통해 뱅고아트는 균형을 찾았으며, 예술가의 경력에서 많은 요소를 살펴보고 그러한 학습을 기반으로 제안된 가격을 추정하는 지능형 시스템을 만들었다. 뱅고아트는 중요한 전략적 문제에 대해 핵심 비즈니스 및 정치 지도자들과 협력했다. 또한 그는 실질적인 이익을 창출하기 위해 비영리단체, 교육 기관, 상업 기관 및 정부 기관과 협력했다.

뱅고아트는 2013년에 엔젤투자 1,420억 원을 유치했고, 2014년에는 시드머니 55만 달러를 유치했다.

## 37. 커넥티드 투미

### 1) 탄생배경

　오젠예릴(Ozan Yerli)은 터키출신으로 10년 동안 웹 프로그래밍을 해왔는데 어느 날 아이디어가 하나 떠올랐다. 초기 인터넷에서는 실제 이름이 사용되지 않았다. 우리는 닉네임을 사용하고 심지어 실제 이름을 쓰는 것을 두려워했다. 그런 다음 페이스북이 등장했는데, 실제 이름을 사용하기 시작했다. 원래대로 돌아갈 필요가 있다고 생각했다.

　그래서 커넥티드 투미(Connected2.me)를 창업했고 5명의 팀으로 시작하였다.

### 2) 운영형태

　커넥티드 투미는 2011년에 설립되었다. 이제 회원수는 280만 명에 도달했다. 하루에 순수한 방문자가 51.5만 명이다. 그들은 적극적으로 커넥티드 투미를 이용하고 있다. 커넥티드 투미는 iOS 및 Android 기반의 웹 및 모바일 장치에서 사용할 수 있으며, 특히 젊은 사람들에게 인기가 높으며, 주로 모바일에서 이용된다.

　익숙지 않은 사용자는 등록된 사용자와 익명으로 채팅할 수 있는 향수에 젖은 응용 프로그램 'Connected2'를 사용하면 연결할 때 'connected2.me/user_name'의 주소가 부여 된다. 이 주소를 사람과 공유할 때 이 링크를 열면 누구나 장치나 플랫폼과 독립적으로 메시지를 보낼 수 있다. 이 사람들의 신분은 보이지 않는다.

### 3) 운영현황

커넥티드 투미는 등록된 1,500만명 이상의 사용자가 있는 글로벌 메시징 플랫폼이다. 사용자는 바이럴 마케팅으로 얻는데, 커넥티드 투미 오픈 첫날에 50,000명의 방문자를 바이럴 마케팅으로 얻었다.

커넥티드 투미에는 다른 메시징 플랫폼에서 사용할 수 없는 고유한 기능이 있다. 해당 링크를 방문하는 사람은 누구나 모바일 또는 데스크톱에 관계없이 채팅할 수 있다. 전화번호를 제공하거나 페이스북에 추가하거나 링크를 제공할 필요가 없다. 그들은 등록할 필요조차 없으며, 익명의 닉네임을 부여받고 즉시 채팅을 시작한다. 급속한 성장으로 투자자를 끌어들이고 있는 커넥티드 투미에 따르면 벤처 투자액은 지금까지 한화 5억2천만 원에 달했다.

## 38. 커레이라 뷰티

### 1) 탄생배경

커레이라 뷰티(Carreira Beauty)의 제작자 루이 미다이라(Rui Miadaira)는 하버드의 MBA 과정을 마치고 5개의 식당을 개설하면서 일하기를 원하는 아내와 시누이와 함께 돈을 벌기 시작했다. 5개의 식당개설 이후, 루이는 어느 날 미용전문가를 찾을 필요를 느꼈는데 어디에서도 미용전문가를 찾을 수 있는 곳을 알지 못했다. 브라질은 세계에서 가장 큰 시장 중 하나인데, 미용전문가를 고용할 수 있는 사이트는 없었다. 그는 기업가를 위한 교육 및 창업 프로그램인 이노베이티바 브라질(InovAtiva Brasil)에 등록하여 아이디어를 사업으로 바꾸도록 권유한 사람들을 만났다. 그래서 탄생된 것이 커레이라 뷰티이다. 커레이라 뷰티는 브라질의 미용 전문가 및 미용실을 위한 원스톱 플랫폼이다. 상파울로는 커레이라 뷰티 창업에 있어 큰 기회를 맞이한 곳이다. 브라질에서 고용기회를 찾고 있는 미용사, 매니큐어 및 미용사의 프로필을 연결하는 무료 플랫폼으로서, 이 지역에서 미용관련 노동력을 찾는 데 어려움을 겪었던 문제를 해결하게 된 것이다.

초창기 커레이라 뷰티는 월 100달러의 솔루션과 25달러의 서버로 시작되었다.

### 2) 운영형태

브라질의 미용전문가 시장은 5만 명의 전문가 및 55만개의 살롱이 있으며, 지리적으로 광범위하게 분산되어 있기 때문에 비효율적으로 운영되고 있어 미용에 관련된 정보 부족을 해소하기 위해 커레이라 뷰티가 생성된 것이다. 커레이라 뷰티는 월간 10만 회의 방문과 85,000명의 팬을 확보하고 있는 강력한 플랫폼이다.

### 3) 운영현황

커레이라 뷰티 출시 3년 만에 이 시스템은 매월 10만 명이 넘는 사용자를 보유하고 있다. 이 회사는 브라질 내에서 가장 유명한 기술 투자자금을 유치했다.

## 39. 사운드베터

### 1) 탄생배경

음악가이자 마케팅 담당자인 샤쳐 길라드(Shachar Gilad)는 어느 날 음악계의 지인으로부터 음악제작 전문가를 위한 웹사이트 제작요청을 받았다. 수천 명의 음악 프로듀싱 전문가를 한곳에 모을 수만 있다면, 그들은 버튼 클릭만으로 프로파일을 만들 수 있어서 프로듀싱을 할 수 있기 때문이다. 그는 이것을 활용할 필요가 있다는 것을 깨달아서 사운드베터(SoundBetter)를 설립했다.

오늘날 모든 노트북은 전 세계 수천만 명의 아티스트에게 자신의 음악을 녹음할 수 있는 기회를 제공하는 녹음스튜디오 역할을 할 수 있다. 그러나 음악가는 음악제작자나 음향 엔지니어가 보유한 기술과 경험이 부족하다. 사운드베터는 음악가가 이러한 전문가를 고용하여 녹음 및 포스트 프로덕션을 돕고 업계 최고의 인재를 모집하여 한 곳에서 모을 수 있도록 할 수 있다.

### 2) 운영형태

사운드베터는 전 세계의 음악가들이 최고의 음악 프로를 연결하고 고용할 수 있도록 도움을 주는 세계 최고의 음악제작 쇼핑몰이다. 사운드베터는 수십 명의 그래미상 수상자를 포함해 수만 명의 가수, 프로듀서 및 믹싱, 마스터링 엔지니어 그리고 프로덕션 데이터베이스를 보유하고 있으며 전 세계 5,000개 도시에 회원 커뮤니티를 두고 있다. 음악가는 전문 분야, 예산, 장르, 크레딧, 리뷰 및 사운드 샘플을 기반으로 적절한 전문가를 찾아 안전하게 고용할 수 있다. 음악 프로덕션 전문가는 전 세계적으로 수천 명의 다른 사람들과 함께 사운드베터에서 작업을 할 수 있다. 사운드베터는 모두 검증 된 리뷰를 통해 투명성을 높이고 자생 음악가의 거대한 시장이 세계 어디서나 올바른 파트너와 안전하게 연결할 수 있도록 지원한다.

### 3) 운영현황

사운드베터는 뮤지션을 전문가용 믹싱 및 마스터링 엔지니어, 프로듀서, 가수 및 기타 프로덕션 전문가와 연결하여 뛰어난 음질의 완성품을 얻게 도와준다. 그래서 연간 15억 달러의 기존의 비효율적인 음악 제작서비스 시장을 혼란에 빠뜨리고 있다.

# 40. 마이타임

## 1) 탄생배경

마이타임(MyTime)은 에단 앤더슨(Ethan Anderson)가 설립했다. 마이타임은 열려있는 약속을 온라인으로 찾고 예약하는 편리한 새로운 방법이다. 침술에서 요가에 이르기까지 모든 것을 한 곳에서 예약할 수 있다. 또한 사이트에서 제 3자 평가 및 리뷰에 액세스할 수 있다. 이제 아마존에서 책을 사는 것만큼 쉽게 필요한 약속이나 서비스를 구매할 수 있다.

## 2) 운영형태

마이타임은 다중위치 체인 및 프랜차이즈를 위한 완전히 통합된 약속스케줄링, POS, 고객참여 플랫폼이다. 모듈식으로 제작되었지만 다양한 구성요소가 함께 작동하여 고객과의 거래가 준비된 순간 어디서든 공급자가 이용하여 수익을 극대화 할 수 있으며, 원하는 시간에 원하는 약속을 예약하고 처리과정하는 일련의 과정의 비용을 절약할 수 있다.

현재 200만 개가 넘는 기업에서 전국적으로 사용할 수 있는 70개 이상의 서비스에 대한 약속을 찾아 예약할 수 있다. 출시 당시 마이타임 앱은 Best New Apps로 Apple에서 선보였으며 라이프스타일 카테고리에서 1위를 차지했다.

마이타임 패키지는 Basic은 한 달에 74달러, Growth는 한 달에 114달러, Premium은 한 달에 149달러, Enterprise는 별도형태로 구성되어 있다.

### 3) 운영현황

마이타임의 투자유치는 2012년 Upfront Ventures와 실리콘밸리 창업보육센터에서 시드머니 300만 달러를 유치했고, 2013년 LA에 위치한 GRP Partners에서 시드머니 300만 달러를 추가로 유치했다. 그리고 2015년에는 Upfront Ventures, Khosla Ventures에서 시리즈A 자금으로 930만 달러를 유치하는데 성공했다.

## 41. 아트코지

### 1) 탄생배경

말콤(Malcolm)은 아내인 시몬(Simone)과 아트코지(ArtCorgi)를 공동 창업했다. 많은 사람들이 다른 사람들에게 의미있고 개인적인 선물을 찾기 위해 애를 먹고 있으며, 많은 프리랜서 아티스트들은 작품을 인정받고 작품에 대해 공정하게 돈을 벌고 프로젝트 간에 소득을 얻으려고 애쓰고 있다. 아트코지는 일상적인 사람들이 친구, 가족 및 중요한 사람들을 위한 선물로 그들 작품의 샘플을 기반으로 한 독특한 예술을 제안함으로써 최신 예술가의 후원자가 될 수 있도록 하였다. 아트코지는 개인 에이전트와 마찬가지로 예술가의 작업을 활성화하고, 구매를 처리하며 예술가를 대신하여 고객과의 의사소통을 관리하고 더 높은 가격으로 작품을 판매할 수 있게 해준다.

### 2) 운영형태

아트코지(아트코지)는 예술작품 주문형 온라인 쇼핑몰이다. 수백 명의 예술가 중 누구에게나 상상할 수 있는 독창적인 예술작품을 만들어달라고 요청할 수 있다. 작품의 제작가격은 20달러(평균가는 120달러 선)에서 시작되며 평균 소요기간은 1주일이다.

아트코지는 예술가들의 주문제작 프로세스를 가능한 한 쉽게 만들기 위해 노력했고 만들 수 있었는데, 이는 사전에 아티스트와 협의하여 시스템을 개발했기 때문이다. 아트코지에서 예술작품을 찾고 있는 사람은 자신의 포트폴리오를 업로드하고 자신이 마음에 드는 유형의 예술을 찾아볼 수 있다.

### 3) 운영현황

아트코지는 2014년 5월 실리콘밸리 벤처육성프로그램에서 20만 달러를 유치했다.

## 42. 웨딩러블리

### 1) 탄생배경

웨딩러블리(WeddingLovely)의 창업자 트레이시(Tracy)는 8년간 결혼예물시장 및 결혼계획 어플리케이션에 대해 연구해왔다. 2011년 가을에 실리콘밸리 벤처육성프로그램에서 자금을 지원받아 온라인 웨딩플랜 앱 및 웨딩업체회사 '웨딩러블리'를 창업하였다.

오늘날 웨딩러블리는 미국에 본사를 두고 있는 풀타임 마케팅 매니저, 필리핀의 전임 마케팅 및 행정 보조원, 미국의 파트타임 블로거 등을 고용하고 있다.

### 2) 운영형태

웨딩러블리의 목표는 광고에 덜 집중하고 약혼한 부부 및 결혼식 공급업체가 성공하기 위해 필요한 서비스와 지원을 제공하는데 중점을 둔다.

웨딩러블리는 결혼식을 계획하고 지역 웨딩업체를 찾고, 예약하고, 조정하는 과정을 통해 커플들에게 도움을 준다. 이를 위해 전 세계의 큐레이터 네트워크는 3,200개가 넘는다.

웨딩관련업체는 웨딩러블리에서 비즈니스 프리미엄에 가입(1년에 190달러)하면 웨딩러블리에서 사업을 검토하고 승인받아 공급업체가 될 수 있다. 웨딩러블리는 ShareASale(미국의 제휴마케팅)과 다른 작은 프로그램을 여러 게시물에 설정하여 블로그의 제휴수익을 발생시킨다. 스폰서 게시물과 사이드바 광고를 게시하여 블로그의 광고수입을 창출한다. 웨딩러블리의 운영수익 비율은 총매출의 50%는 계열사에서 발생했으며, 33%는 프리미엄 사업계정에서 발생했으며, 나머지는 광고에서 발생했다.

### 3) 운영현황

런칭 8년 후, 8,000명이 넘는 웨딩 비즈니스 파트너, 4명의 직원, 인기 있는 결혼 블로그 운영으로 인한 수익이 발생했다. 초기에는 7,200달러의 수익을 올렸고, 2017년에는 62,000달러의 수익을 기록했다.

## 43. 어드미션테이블

### 1) 탄생배경

어드미션테이블(AdmissionTable) 앱의 가장 중요한 특징은 학생들이 대학선정을 돕는 것이다. 사용자의 70% 이상이 어드미션테이블의 도움을 요청한다. 일부 학생들은 전문가와의 상담을 요청한다.

공공기관이나 카운슬러가 학생 개인상담을 위해 일일이 찾아가려면 많은 비용이 든다. 게다가 지난 10년 동안 세계 대부분의 대학의 입학절차가 크게 바뀌지 않았다. 여전히 교육 박람회, 우편발송 및 비싼 개인코칭에 크게 좌우된다. 또한 유학생을 고용하는 방식에 대한 기술이나 분석은 거의 없다고 하여 어드미션테이블이 생겨났다.

### 2) 운영형태

어드미션테이블은 학생들이 꿈꾸는 대학에 다가갈 수 있도록 실시간 상담을 제공하는 교육용 앱이다. 대학 및 학생을 연결하는 상담 외에도 SAT / GRE / GMAT / TOEFL / IELTS 및 온라인 장학금, 재정 및 개인교습을 제공한다. 상담에 관심있는 사용자는 연구흐름, 학비를 지불할 수 있는 금액, 원하는 국가를 묻는 설문지를 작성하여 앱에 등록해야 한다. 일단 등록되면, 사용자는 대학교 카운슬러 또는 어드미션테이블의 사내 카운슬러와 직접 상담할 수 있다. 그들은 서로 채팅하고, 어떤 대학이 자신의 점수와 관심사에 더 잘 어울릴지를 물어볼 수 있으며, 동일한 교육 기관이나 연구 과정에 관심이 있는 다른 학생들을 만날 수도 있다.

어드미션테이블에는 전 세계의 모든 최고 대학을 포함하여 1,000개의 등록된 대학교가 있다. 그 중 약 10%가 제휴된 대학교이며 앱에 소개되기 위해 1년에 약 10,000달러의 수수료를 지불한다. 나머지는 지불하지 않지만 학생들에게 더 많은 옵션을 제공하기 위해 등록되어 있으며, 그 과정에서 앱이 활성화된다.

### 3) 운영현황

어드미션테이블은 미국 델라웨어에 통합되었지만 대부분의 팀은 방갈로르에 있으며, 마이크로소프트 사내의 액셀러레이팅 프로그램에 선정되었다. 또한 전문가들로 구성된 팀이기 때문에 실리콘밸리의 벤처육성프로그램에서 초기 시드머니를 마련했다.

어드미션테이블은 현재 전 세계적으로 3백만 명이 넘는 학생과 35명의 대학교 파트너가 있으며, 학생모집비용을 줄이는 동시에 대학에 수익을 창출한다. 국제적으로 학생모집 시장을 위한 확장가능한 솔루션으로 경쟁사 비용의 1/10로 학생들을 모집한다.

## 44. 카오딤

### 1) 탄생배경

말레이시아에 기반을 둔 서비스 시장인 카오딤(Kaodim)은 충 (Choong)과 청(Cheong) 두 변호사에 설립됐다.

### 2) 운영형태

카오딤은 배관공, 데코레이터, 요가강사, 해충방제 전문가와 같은 서비스 전문가를 찾을 수 있는 온라인 플랫폼이다.

### 3) 운영현황

카오딤은 공식 출범 한 달 만에 500곳의 서비스 판매업체가 등록 을 했고, 400건의 서비스 의뢰요청이 있었으며, 1,300건의 견적요청 이 발생되었다. 지금까지 대부분의 요청은 계약직, 간호 및 청소업체 를 대상으로 했으며, 가까운 장래에 학교교사 및 음악교사와 같은 다 른 유형의 서비스로 확대할 계획이다.

창업자들은 현재 카오딤의 성장을 가속화하기 위해 기금을 모으고 있다.

## 45. 텔리포트미

### 1) 탄생배경

텔리포트미(TeliportMe) 공동창업자는 데바이어(Devaiah)와 앱히나브(Abhinav)이다. 사람들로 하여금 증강현실(AR)을 통해 어느 곳에서나 앉아있는 환경을 경험할 수 있게 한다.

### 2) 운영형태

텔리포트미는 2012년 Mobile World Congress(세계최대의 모바일 박람회)에서 페이스북, 트위터, Dropbox와 함께 700만 명이 넘는 사용자를 가진 앱 중 하나로 스마트폰으로 캡처한 몰입경험을 통해 여행장소를 찾고 공유하는 커뮤니티 앱이다. 이 회사의 파노라마 모바일 애플리케이션은 사용자가 360도 고해상도 파노라마를 만들고, 시각적 필터를 적용하고, 온라인 커뮤니티를 통해 보여줄 수 있는 가상현실 콘텐츠 및 비즈니스 소프트웨어를 제공한다.

### 3) 운영현황

텔리포트미는 오늘날 몰입 경험에 대한 가장 크고, 가장 인기있는 소셜 네트워크이며, 160개 국가에서 900만 사용자가 생성하는 세계의 VR 콘텐츠 데이터베이스를 보유하고 있다.

시드머니로 2만 달러, 스타트업 Chile에서 백만 달러를 유치했다.

# 46. 플로큐

## 1) 탄생배경

플로큐(Floqq)는 사람들이 새로운 기술을 배우는 방법을 개선하기 위해 탄생했다. 플로큐는 누구나 문제해결능력을 배울 수 있는 평생학습 마켓이다. 엑셀, 포토샵, 소셜미디어 마케팅, Google Analytics와 같은 오늘날의 노동력에서 요구되는 가장 까다로운 능력에 대한 다양한 코스를 제공한다. 동시에 요리, 외국어 같은 다양한 취미과정도 제공한다.

라틴아메리카에는 교육시스템이 매우 비싸고, 많은 사람들이 훌륭하고 강렬한 교육을 받을 여유가 없어서 저렴한 값에 배울 수 있도록 플로큐가 창업됐다. 코스당 평균 비용은 10~20달러이다.

## 2) 운영형태

플로큐는 다른 사람들과 지식을 공유할 수 있는 최고의 장소이며, 여러 사람들의 노하우 제공 플랫폼이다. 스페인과 라틴 아메리카 온라인 비디오코스에서 가장 큰 회사이며, 플로큐에서 가장 많은 온라인 비디오 강좌를 무료로 배울 수 있다. 다른 언어로 말하고, 승진을 하거나, 직업을 바꾸거나, 회사를 만들고, 악기를 연주하거나, 새로운 스포츠를 배우거나, 이국적인 식사로 친구에게 감명을 주기도 한다.

플로큐는 지속적인 학습 시장에서 이루어지는 각 거래의 15%를 수익으로 한다.

## 3) 운영현황

플로큐의 출시는 즉각적인 성공으로 첫 주에 3,000명의 사용자를 확보했으며, 현재 12,000명이 넘는 사용자가 15,000시간 이상의 온라인 코스를 기록했다. 플로큐의 주요 경쟁자는 Ojala, Sololoy Media, Tareasplus이다. 2017년 8월, 플로큐는 페이스북에 13만 명의 팔로우가 있고, 트위터에 160만 명의 팔로우가 있다.

플로큐의 투자유치는 2012년 2월에 Carlos González de Villaumbrosia, Álvaro Sanmartín으로부터 시드머니 10만 달러를 유치, 2012년 11월에 Cedric Mateosyan Kutlu, Cabiedes & Partners로부터 시드머니 50만 달러를 유치, 2013년 4월에 Dave McClure, 실리콘밸리 벤처육성프로그램에서 시드머니 7만5천 달러를 유치, 2013년 6월에 Luis Martin Cabiedes, Cabiedes & Partners로부터 25만 달러를 유치했다.

## 47. 에버빌

### 1) 탄생배경

에버빌(Everbill)은 2008년부터 존재했다. 그 당시 에퓨넷(Epunet)이라는 이름이었고, 당시 에퓨넷은 온라인 비즈니스 관리를 위한 사내 소프트웨어 솔루션으로 설립되었다. 창업자는 헤럴드(Harald)이다.

평소에 비즈니스를 쉽게 운영할 수 있는 소프트웨어를 찾는 것이 어려워서 청구 및 회계가 용이한 온라인 소프트웨어를 만들었다.

### 2) 운영형태

에버빌은 온라인 비즈니스 관리 소프트웨어 솔루션을 제공한다. 온라인 소프트웨어는 비즈니스 사용자가 견적, 송장, 납품서, 신용정보, 알림, 영수증, 고객목록 및 공급업체 목록을 작성·관리·제공하는데 사용된다.

에버빌 솔루션은 독창적인 전문가, 사진가, 엔지니어, 그래픽 아티스트, 카피라이터, 변호사, 프리랜서, 경영컨설턴트, 공예가, 웹디자이너, 언론인, 건축가에게 제공된다. 에버빌은 SaaS(서비스용 소프트웨어) 응용프로그램이므로 가입된 사용자는 컴퓨터에 프로그램을 설치, 유지관리 또는 업데이트할 필요가 없이 클라우드 서비스로 인터넷만 접속하여 이용하면 된다.

### 3) 운영현황

헤럴드는 앞으로 파트너들과 함께 사업을 지속적으로 성장시켜, 가능한 한 많은 사용자를 에버빌을 사용할 수 있도록 열심히 노력중이다. 현재 미국에서 사업운영을 확대하기 위해 투자자들을 끌어들이는 중이다. 에버빌의 모든 테스트 사용자 중 거의 1/3이 유료고객으로 전환하고 있으며, 이는 높은 품질과 유용성으로 인함이다.

투자유치는 미국 실리콘밸리의 벤처육성프로그램에서 5만 달러를 시드머니로 받았다.

## 48. 티렛

### 1) 탄생배경

티렛(Tealet)은 식품과학자 엘리스 피터센(Elyse Petersen)에 의해 설립된 '차를 위한 온라인 농민시장'이다. 차 산업의 생산 및 유통문제를 해결하기 위해 설립되었다.

기존의 유통과정에서는 차(tea) 판매에 대한 이익의 15%만이 실제로 재배자에게 돌아간다는 사실을 발견하고 세계화의 흐름에서 대리인과 중개인의 네트워크가 필요했기 때문에 티렛을 창업하게 되었다.

### 2) 운영형태

티렛은 수요가 증가하고 매출이 늘어나자마자 농민들로부터 더 많은 제품을 구입할 수 있게 되었고, 더 많은 사업을 창출하게 되었다. 티렛은 또한 비트코인으로 거래할 때의 효율성을 알아채고 비트코인으로 결제대금을 받을 수 있게 하여 농민들의 결제수수료를 크게 낮추었다.

티렛 재배자 네트워크는 9개국 25개 재배지역에서 가족농장과 협동조합으로 구성되며, 모두 공예품과 지역사회에 헌신한다. 티렛의 온라인 플랫폼을 통해 차 한 잔의 모든 유통과정을 추적할 수 있다. 재배지역의 비디오에서부터 각 농장의 상세 프로파일에 이르기까지 모든 과정을 간편하게 볼 수 있도록 설계되었다.

### 3) 운영현황

티렛은 2013년 5월 Blue startups에서 2만 달러를 유치하고, 2014년 2월 VTF Capital로부터 24만 달러의 투자를 유치했다.

## 49. 웰쿠

### 1) 탄생배경

웰쿠(Welcu)는 이벤트 기획 및 티켓판매를 중개하는 플랫폼사이다. 현재 라틴아메리카에서 가장 유명한 벤처기업 중 하나이다. 2011년 산티아고에서 자본금 65만 달러로 설립되었다. 오늘날 웰쿠는 수천 명의 고객과 하루에 수천 장의 티켓을 판매하며 연간 티켓 판매대금이 수백만 달러에 이른다.

### 2) 운영형태

웰쿠는 티켓판매업계에 혁명을 일으켰다. 트위터 및 포스퀘어(Foursquare)와 같은 도구를 통합하고 초대장, 회신 및 티켓 판매를 단일 웹 플랫폼을 통합함으로써 출석 및 서비스에 대한 실시간 업데이트를 제공하여 이벤트 프로세스를 간소화하였다.

### 3) 운영현황

니콜라스 오레랴나(Nicolas Orellana) 공동창업자 겸 CEO는 "현재 칠레에 머물러있다. 그러나 앞으로 몇 달 안에 미국에까지 확대 할 계획"이라고 밝혔다. 웰쿠는 40개의 개최이벤트, 6,000명의 등록사용자 및 20만 명의 초대장을 보유하고 있다.

# 50. 베이어블

## 1) 탄생배경

제이미 웡(Jamie Wong)은 프로듀서, 작가 및 기업가이다. 그녀는 베이어블(Vayable)의 창업자 겸 CEO이다. 베이어블은 온라인 플랫폼을 운영하여 전 세계의 여행에 경험있는 열정적인 사람들이 여행콘텐츠를 제작하여 등록한다. 여행자들의 경험을 연결하는 커뮤니티 플랫폼 베이어블은 2010년에 설립되었으며 캘리포니아 샌프란시스코에 본사를 두고 뉴욕에 사무소를 두고 있다.

## 2) 운영형태

베이어블은 여행자들과 독특하고 개인화된 경험을 디자인, 예약 및 개최하는 지역 내부자들과 연결하는 P2P플랫폼이다. 여행자는 베이어블을 사용하여 목적지에 대해 잘 알고있는 '베이어블 Insider(여행전문가)'를 통해 여행을 만들고 준비할 수 있으며, 24시간 연중무휴로 질문이나 안내를 받거나 전 세계의 베이어블의 현장 인도자가 이끄는 경험을 즐길 수 있다.

베이어블은 품질과 안전을 위해 모든 콘텐츠 이용자를 신중하게 심사한다. 여행자, 평화봉사단, 자원봉사자, 사회, 복지사, 학생, 행정보조원, 박애주의자, 작가, 택시운전사, 엔지니어, 교사, 시인 등 다양한 직업이 활동중이며, 베이어블 Insider로는 작가, 역사가, 음악가, 여행 가이드, 언론인, 디자이너, 은행가, 건축가, 디자이너, 경영자, 요리사, 여행자, 블로거, 조종사, 농부, 무용가 등이 포함된다.

### 3) 운영현황

매일 수천 명의 여행자가 베이어블에 와서 등록된 자료를 읽으면서 훌륭한 경험을 한다. 베이어블은 블로그, 소셜 미디어 및 언론에서 지속적으로 여행전문가를 소개한다.

100개 국가의 900개 이상의 도시에서 베이어블 경험을 예약할 수 있으며 5,000명 이상의 열정적인 사람들이 플랫폼에 자료를 공급한다. 베이어블의 투자유치는 2012년 2월 40만 달러를 시드머니로 받았고, 당해 10월에는 170만 달러를 투자유치에 성공했다.

## ※ 플랫폼이 파이프라인을 지배한다

'파이프라인(pipeline)'에 대해 어른들을 위한 동화 '파이프라인 우화'에서 간단히 유래를 설명하겠다.

작은 마을에 파블로와 브루노가 살았다. 꿈 많은 두 젊은이는 늘 부자를 꿈꾸었다. 마침내 돈을 벌수 있는 기회가 생겼다. 그것은 마을 광장에 저장한 물탱크의 물이 감소하여 물을 길어올 사람을 구하는 것이었다. 브루노는 하루 종일 물통을 나르느라 손에 온통 물집이 잡히고 온몸이 아파서 고통스러웠다. 하지만 파블로는 물을 더 쉽게 길어올 수 있는 방법을 연구했다. 그것은 강에서 마을까지 '파이프라인'을 연결하는 것이었다. 그래서 파블로는 점심때까지만 물을 나르고 나머지 시간에는 파이프라인을 구축하는데 힘썼다. 몇 개월 후 브루노는 지쳐서 자신의 처지를 비판하고 불만을 품게 된다. 반면 파블로는 파이프라인을 완성하여 밥을 먹고 잠을 자는 동안에도, 즐겁게 노는 동안에도 마을 광장에 물탱크에 물은 자동으로 채워져 돈을 많이 벌게 되었다.

1, 2, 3차 산업혁명을 지나오면서 성공한 기업들은 위처럼 사업분야에서 자신만의 파이프라인을 구축하며 성장하였다. 그러나 앞으로 다가오는 4차 산업혁명 시대에는 자신들의 몸집만 키우며 성장해온 파이프라인 기업들이 플랫폼 기업들에게 지배를 당할 것이다.

그동안 산업화의 경제논리가 '규모를 키워서 경쟁력을 갖추라'였다면, 4차 산업혁명의 주춧돌이 되는 플랫폼 비즈니스의 경제논리는 '가치를 제공하면 규모는 자동으로 커진다'라고 볼 수 있다. 한 가지 주의할 것은, '네트워크 효과'가 모든 기업의 문제를 해결해 주는 만능 '도깨비 방망이'는 아니라는 것이다. 플랫폼기반 비즈니스가 큰 영향력을 가져도 여전히 제조업과 같은 분야에서는 '규모의 경제[20]'와 같은 전통적 경제원리가 중요하다. 그렇지만 규모의 경제가 주도하는 분야라 하더라도 네트워크 효과를 더해서 혁신을 할 수 있는 여지는 충분히 있을 수 있으며 반드시 플랫폼의 개념으로 혁신을 해야 생존할 수 있다는 점은 꼭 기억해야 한다.

---

20) 더 많이 생산할수록 더 고정비용이 낮아져서 결과적으로는 단위당 생산비용과 생산량이 증대된다는 경제이론.

# 3부

———

## 플랫폼 스타트업

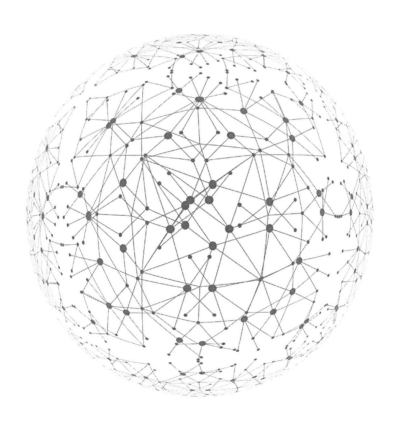

# Chapter 1. 플랫폼 사고방식 구축하기

## 1. 공유 & 분배 마인드

'공유'라는 개념이 새로운 것은 아니다. 과거에 렌트카 업체가 있었고, 부동산임대도 과거부터 있었다. 단지 우버나 에어비앤비 등 현재 승승장구하는 거대 플랫폼 기업은 기존에 있던 공유개념을 네트워크화 하여 플랫폼의 기반으로 만들어 운영하고 있는 것이다. 이러한 마인드로 접근하여 현존하는 모든 산업부문에서 공유개념을 적용하면 새로운 플랫폼은 얼마든지 생성할 수 있다.

세계적으로 1~3차 산업 혁명을 거치면서 무리한 개발로 인한 자원의 고갈, 지구온난화, 여러 환경부작용이 생성되었다. 공유경제는 4차 산업혁명을 앞두고 기존 자원을 효율적으로 사용할 수 있다는 장점이 있다. 이전에는 정보공유가 부족하여 유휴 자동차나 집을 찾기가 어려웠고, 정보에 대한 신뢰도가 낮았다. 하지만 인터넷의 활성화로 인해 신뢰할 수 있고 정보를 얻기 쉽게 변모하였다. 결국 공유라는 것은 새로운 것을 만드는 것이 아닌, 기존에 있는 것들에 대한 정보를 수집하여 제공하는 것이라고 할 수 있다.

'분배'는 수익의 나눔이다. 플랫폼 제공자는 원활한 시스템이 가동

되도록 하기 위해, 공급자에게 일정수익을 분배해주어야 한다. 플랫폼 내에서 분배가 원활하게 이루어지지 않으면 공급자는 시스템에 머무르지 않고 떠나버린다. 공급자가 플랫폼에 진입하는 이유는 자신의 수익창출을 위해서이기 때문이다.

공급자 역시 수요자를 통하여 일정의 수익을 창출함으로 시스템제공자에 일정 비율의 수수료를 지불해야 할 것이다. 결국 플랫폼 구조상 협력적인 가치사슬이 형성되어 상호이익을 배려해주어 상호 윈-윈의 마인드로 플랫폼에 접근해야 원활한 운영이 가능하다.

## 2. 계층이동을 위한 도약의지

한국조세재정연구원의 보고서를 살펴보면, 한국사회 내에서의 계층이동은 상당히 고착된 상태다. 소득계층 간 이동률을 보면 계층이동 없이 저소득층에만 머물고 있는 비중(저소득층→저소득층)이 2008년에서 2009년까지 전체 계층의 18.4%에서 2011~2012년 20.3%로 늘어났다. 이는 전체 저소득층의 80%에 육박하는 수치다. 이 비중은 2008~2009년에는 74.4%, 2010~2011년 79.2%, 2011~2012년 76.9%였다. 보고서는 "빈곤의 고착화가 확대되고 있음을 확인할 수 있었다"며 "사회 통합과 지속적 경제성장을 위해 소득분배 구조에 대한 개선이 필요하다"고 지적한다. 저소득층이 중산층으로 올라가는 계층상승이 점점 어려워지고 있는 것은 복지정책이 취약한 상태에서 비정규직 등 일자리의 질이 떨어지고, 노인 빈곤층이 심각한 탓으로 보인다.

저소득층에서 태어난 사람은 가난의 대물림을 탈피할 방법이 도무지 없다. 자산도 없는데다 직업도 변변치 않기 때문이다. 직업이 변변치 않은 이유는 간단하다. 좋은 교육을 받지 못해서다. 좋은 교육을 받지 못한 사람이 대한민국에서 좋은 직업을 갖기란 불가능에 가깝다. 반면 부자 아빠에게서 태어난 자식은 엄청난 자산을 물려받는데 더해 좋은 교육을 받고 좋은 직업을 갖는다. 이들이 불행할 확률은 적다. 이렇듯 출생이 그 사람의 운명을 결정하는 사회가 건강하게 발전할 리 만무하다. 천하를 주름잡던 제국도 신분이동 혹은 계층이동이 고착상태에 처하면 붕괴했다. 대한민국도 이미 악순환의 고리에 갇혔다.

자산과 불로소득에 대한 과감한 증세 등을 필두로 하는 조세개혁, 교육 및 의료에 대한 획기적인 제정투입을 통한 균등한 기회보장 등의 조치가 집행되지 않는 한 대한민국은 빙산에 좌초하는 타이타닉 신세가 될 것이다[21]. 즉, 한국에서 흙수저는 영원히 흙수저로 살아갈 수밖에 없는 경제환경으로 고착되어가고 있다.

이러한 한국의 현실에서 무엇을 더 바라고 기대할 것인가! 다행히도 지금 한국의 플랫폼 스타트업 창업환경은 잘 갖추어져 있다. 이러한 환경을 잘 활용하면 얼마든지 신분이동, 계층이동이 가능한 '금수저로의 도약'이 가능할 것이다. 당신의 판을 벌려야 한다.

---

21) 허핑턴포스트 코리아에서 2015년 3월 4일 작성한 글

## 3. 고정관념에서 탈피하라

우리가 그동안 학교생활을 하면서 배우던 공부의 핵심은 '열심히 공부해서 훌륭한 사람이 되라'였다. 이 말을 부정하고 싶지는 않다. 또한 틀린 말도 아니다. 그러나 그렇게 열심히 공부해서 훌륭한 사람이 얼마나 되었을까? 의문을 갖지 않을 수 없다.

우리는 늘상 이런 말을 한다. "학교에서의 우등생이 사회에서도 우등생이 되는 것은 아니다." 즉, 학교생활과 사회생활은 다르다는 것이다. 일부 공부를 잘해서 사회지도층이 되는 사람들 몇몇을 제외하고는 대기업 및 중소기업에서 자신의 귀한 시간과 노동을 금전으로 바꾸는 생활을 하고있다. 그나마 지금의 현실은 쉽게 영위할 수 없다.

그래서 많은 사람들이 자기만의 사업을 꿈꾼다. 그러나 사업의 성공률은 통계를 보면 10%미만이다. 더구나 자신이 그동안 저축한 자금이나 퇴직금등을 몽땅 올인해서 빈털터리가 되는 사람들을 너무나도 많이 접해왔다. 대부분 이렇듯 너무나 평범하게 사회생활을 하고 너무나 평범하게 사업을 하기 때문에 금수저가 되는 것은 하늘의 별따기다. 결국 문제는 고정관념이다. 열심히 공부해서 좋은 직장에 들어가야 하고, 나와서 할 것이 없으면 남들이 괜찮다고 하는 사업이나 창업을 하는 것이 고정관념인 것이다. 우리가 열심히 공부하고 좋은 대학 나와서 좋은 기업에 취직하듯, 사업을 할 때도 공부를 해야 한다. 다른 사람들이 쉬운 듯 사업을 하니까 별것 아닌 것 같이 생각하고 시작하여 90%는 실패를 경험하고 다시는 일어서지 못하는 '경제적 불구'가 되어 인생 후반기에 어렵게 사는 사람들을 많이 볼 수 있다.

미국 실리콘밸리에서는 실패는 당연한 절차라고 할 정도로 많은 회사들이 창업을 하고 실패를 하고 재창업을 한다. 하지만 한국사회는 한번 실패하면 영원한 패배자로 낙인을 찍어 재기할 수가 없는 환경 이었다. 이제는 취업이든 사업이든 고정관념을 깨야 할 시점에 와있으 며, 사회적인 여건도 많이 조성되어 있다.

그 중에 한 가지 방법이 인터넷을 활용한 플랫폼 스타트업이다. 인 터넷의 발달로 모든 사업을 저비용으로 최고의 효율을 얻을 수 있는 사업이 가능하며, 실패를 한다고 해도 기존처럼 막대한 자금을 투자하 여 실패하면 경제적인 불구가 되지 않도록, 저비용으로 얼마든지 가능 한 플랫폼 스타트업을 시도해 볼 수 있다.

또 한 가지는 정부의 다양한 창업지원사업이다. 아이디어만 있으면 얼마든지 제안을 하여 사업타당성이 인정되면, 자기자본 없이도 창업 할 수 있으며, 정부지원 하에 창업을 하면 다양한 분야의 경험을 갖고 있는 멘토 제도를 이용할 수 있으며, 창업에 관해서 따로 공부하여 창 업할 수 있는 창업사관학교도 존재한다.

이외에도 중소기업진흥공단, K-스타트업, 소상공인진흥공단, 기술보 증기금 등 찾아보면 창업을 지원해주는 기관들이 너무나도 많다. 즉 자신의 의지와 열정, 아이디어, 무한한 긍정에너지만 있으면 과거의 사업을 할 때처럼 많은 사업자금을 갖고 있지 않아도 창업을 할 수 있는 사회적인 여건이 이미 잘 마련되어 있는 것이다.

## 4. "항상 갈구하고, 항상 우직하라"

"항상 갈구하고, 항상 우직하라. (Stay hungry, stay foolish)"

스티브 잡스가 2005년 스탠포드 대학교 졸업식에서 했던 말이다.

글로벌화가 진행되고 생산기술이 진보하면서 기업은 대형화되고, 절차적업무 즉, 단순작업이 없어지고 있다. 미래에는 창조적 문제해결력 능력을 지닌 직군과 일부 서비스업을 제외하고는 많은 일자리가 줄어들 것이다. 2014년 세계노동기구(ILO)는 세계고용 동향보고서를 통해서 2018년까지 실업자가 꾸준히 증가하여 2억 명 이상이 일자리를 잃을 것으로 전망했다. 과거에는 열심히 일하면 잘 먹고 잘 살았는데 미래는 변한다는 것이다. 사람이 직접 제공해야만 하는 업종 외에는 살아남기가 어렵다. 서비스업 또한 점차 컴퓨터, 인공지능을 가진 로봇 등이 잠식할 것이다.

세계인류는 생산/정보의 시대에서 소비/행복의 시대로 넘어가고 있다. 스티브 잡스는 인문학과 공학을 융합하면서 인간중심의 창조적인 문제해결의 의미를 이미 알고 있었다. 즉, 인간에게 행복을 주기 위해서는 인문학이든 공학이든 영역을 한정지을 필요없이 어떤 목적을 달성하기만 하면 되는 세상이 되었다는 것이다. 과거에는 인문학, 공학 등 자신의 전공분야에 갇혀서 지식기반으로 경제활동을 할 수 있었지만 이제는 그런 지식기반 업무조차 집단지성이나 정보 네트워크의 힘으로 해결이 가능하다. 이러한 사례는 앞서 나열한 여러 플랫폼 비즈니스모델에서 확인할 수 있었다.

스티브 잡스의 "항상 갈구하고 항상 우직하라"는 말의 진정한 의미는 경제력이 상승하고 물질적으로 풍요하더라도 인간의 행복을 갈구하는 시대에 강한 문제 해결력을 등한시하지 말고, 항상 생각하는 습관을 유지하며 발전시키라는 것이다. 물질이 곧 행복을 의미하지 않기 때문이다.

*항상 갈구하고(Stay hungry)*는 단순하게 경제적인 목표 달성을 떠나서 자아실현 목표를 추구하라는 것이다.

*항상 우직하라(Stay foolish)*는 의도적으로 배움, 연구, 생각을 즐기도록 머물라는 뜻이다.

그런데 왜 'Stay(머무르다)'일까? 그 말은 사람들이 배고픈 상태, 허기진 상태, 어리석은 상태에 머무르는 것이 쉽지 않다는 것이다. 인간은 물질적으로 풍요해지고, 몸이 편해지면 곧바로 나태해져 풍요하고 편해진 상태를 즐기길 원하며 생각하는 법을 또는 생각하기를 번거로워하기 때문이다. 즉 항상 깨어있으라는 말인데, 그것이 쉽지 않기 때문이다.


## 5. 부정적인 사람들과는 인연을 맺지 마라

여러분은 성공하고 싶은가? 위대한 것을 성취하고 꿈을 이루고 싶은가? 그렇다면, 인생에서 자주 어울리는 사람을 잘 선택해야 한다. 해외 정보공유 사이트 라이프핵에서 최근 '부정적인 사람을 피해야 하는 이유'를 정리했다. 아래를 참고하기 바란다.[22]

---

22) 출처 : 오늘의 큐레이션 "포스트쉐어"

## 1) 부정적인 사람은 당신의 태도에 영향을 미친다.

부정적인 사람들은 당신을 맥 빠지게 하고 어두운 면만을 보게 한다. 로버트 튜는 이렇게 말했다. "부정적인 사람들이 당신 머릿속에 자리 잡게 두지 말라. 그들을 머릿속에서 내보내야 한다."

## 2) 부정적인 사람의 부정적인 조언은 당신의 생각에 영향을 미친다.

필자는 부정적인 사람을 ESV라고 말한다. '에너지를 빨아먹는 흡혈귀들(Energy Sucking Vampires)'. 문제는 당신이 부정적인 사람과 어울리고 그들의 말을 들으면, 그들은 당신의 생각에 영향을 미친다는 것이다. 그렇게 되면 당신은 긍정적으로 생각하지 않고 부정적으로 생각하는 자기 자신을 발견하게 된다. 그들은 매우 주도면밀하게 당신의 생각에 영향을 주며, 당신이 알아챌 무렵에는 이미 늦는다.

## 3) 다른 사람들을 힘빠지게 한다.

근처에 긍정적인 사람들이 있으면, 그들의 기운 덕에 자신도 힘이 솟는다. 부정적인 사람은 그 반대다. 그들은 다른 사람들의 힘을 뺀다. 부정적인 사람들은 다른 사람의 힘을 빨아먹는다.

## 4) 당신의 신용을 떨어뜨린다.

주변 사람들이 모두 부정적인 성격을 가지고 있다면, 당신은 모르겠지만 다른 사람들은 당신을 주변 사람들의 성격을 통해 파악한다. 부정적인 사람과 어울리면, 당신도 부정적인 사람인 것처럼 보이게 된다.

### 5) 부정적인 사람은 응원하지 않는다.

부정적인 사람은 단순히 성격만 부정적인 게 아니다. 그들은 다른 사람을 힘 빠지게 하는데 능숙하다. 그래서 그들의 말은 얼핏 들으면 그럴 듯해 보인다. 인생을 살아가면서, 당신은 언젠가 역경에 부딪칠 것이다. 이 때 당신에게 필요한 사람은 당신을 응원해주는 사람이지, 그 반대로 하는 사람이 아니다. 이 시기의 당신에겐 당신을 나가떨어지지 않게 도와주는 사람이 필요하다.

### 6) 부정적인 사람은 떼어놓기 어렵다.

사람들을 만나 대화하는 중 부정적인 사람에 대한 이야기가 나올 때가 있다. 그럴 때마다 사람들은 부정적인 사람과 꽤 오랜 시간 동안 친구로 지냈다고 말한다. 그리고 이 친구들을 떼놓는 게 괴롭다고 말한다. 그럴 때마다 필자는 사람들에게 부정적인 사람과의 관계를 끊도록 응원해준다. 그들이 끼치는 부정적인 영향이 너무 크니까. 하지만 사람들은 우정이란 이름 아래 부정적인 사람을 계속 친구로 두려 한다. 한스 F. 한슨은 이렇게 말했다. "영감을 불러일으키는 사람, 힘 빠지게 하는 사람, 신중하게 선택해야 한다!"

### 7) 인생은 짧다.

인생은 짧다고 생각한다. 그리고 인생을 부정적인 사람에게 허비하고 싶지 않다. 그들은 삶을 슬프게 만든다. 필자는 행복한 삶을 살고 싶다. 좋은 사람과 함께 좋은 삶을 살고 싶다. 그래서 부정적인 사람과의 접촉은 줄이고 긍정적인 사람과의 접촉을 늘린다. 행복한 삶을 살기 위해.

## 8) 부정적인 영향은 긍정적인 영향을 상쇄시킨다.

부정적인 사람들은 당신의 부정적인 생각을 드러낸다. 그리고 당신이 부정적인 생각에 순응하도록 한다. 긍정적인 사람은 이와 반대로 행동한다. 그들은 당신이 긍정적인 생각을 하도록 한다.

부정적인 사람들은 당신이 자신의 생각을 의심하게 만들고, 긍정적인 사람은 당신이 생각대로 할 수 있다는 믿음을 심어준다. 조엘 오스틴이 말한 것처럼. "부정적인 사람들과 어울리면서 긍정적인 삶을 기대할 수는 없다."

## 9) 부정적인 사람들은 이야기를 좋아한다.

과거엔 부정적인 친구가 있었다. 그들은 때때로 자신이 처한 곤경에 대해 이야기한다. 그러면 그들에게 도움이 될 수 있도록 최대한 조언을 해준다. 그 친구들은 조언에 감사하다고 한다.

그 일이 있고 한 달 뒤, 그 친구와 같이 아침을 먹게 됐다. 그리고 그들은 여전히 예전에 이야기했던 곤경에 대해 계속 말하고 있었다. 그들은 마치 자신의 곤경에 대해 말하는 것을 즐기는 듯했다.

부정적인 사람은 자신이 처한 곤경으로 '이야기'를 만들어내고 싶어한다. 당신에겐 무의미한. 그들은 그저 당신을 자기 이야기의 한 등장인물로 포함시키고 싶어하는 것이다.

토니 가스킨스는 이렇게 말했다. "부정적인 사람들은 산소가 필요한 것처럼 이야기가 필요하다. 긍정적인 태도를 가져라. 부정적인 사람들이 숨 쉬지 못할 것이다."

**10) 당신이 성장하지 못한다.**

부정적인 사람들은 자신이 침체돼있는 상황, 부정적인 생각에 머물러 있으려 한다. 성장하고 싶어 하지 않는다. 때문에 그들을 친구로 두면 그들은 당신도 성장하지 못하게 가로막는다. 인생에서 성장하는 유일한 방법은 다른 성장하려는 사람들과 같이 앞으로 나아가는 것이다. 결국 당신이 어떤 사람과 어울릴지는 당신 자신이 정해야 한다. 부정적인 사람과 어울리고 있다면, 과감하게 관계를 끊어버리길 바란다. 당신의 인생에서 부정적인 사람을 없애야 성공적인 인생을 살 수 있다.

클레멘트 스톤은 이렇게 말했다. "사람은 각자 조금씩 다른 면이 있다. 하지만 그 조금씩 다른 면이 큰 변화를 만들어낸다. 조금씩 다른 면은 삶에 대한 태도, 큰 변화는 그 태도가 긍정적인지 부정적인지의 여부다"

종합해보면 부정적인 마인드나 주변에 부정적인 사람들이 있으면 아무것도 하지 못한다는 것이다.

# Chapter 2. 플랫폼 스타트업 성공전략

## 1. 시스템을 이용하기보다는 시스템을 제공하라

우리가 창업을 하는 것은 명예퇴직, 조기퇴직을 해서 다른 곳에 취업하기 어려울 때나, 돈을 많이 벌고 싶거나, 마지막으로 자신의 자아실현을 위해서다. 거대 조직의 부속품 같은 역할을 하는 찌들어 버린 직장생활로는 돈을 많이 벌거나 자신의 자아실현을 이룰 수 있는 가능성이 보이지 않기 때문에 창업을 한다.

단순히 돈을 많이 벌기 위해서 점포창업을 하여 돈을 많이 버는 사람도 있다. 그러나 통계를 보면 성공률은 20% 미만이다. 점포에서 결제를 받는 POS기 판매업체는 신규 점포창업의 라이프 사이클(Life cycle)을 2년 정도로 보고 있다. 오픈하고 2년이면 거의 점포주가 바뀐다는 자신들의 통계가 이런 실패율을 뒷받침 해주고 있다.

그 실패한 80%는 충격이 크다. 자신이 그동안 열심히 일해서 마련한 자금. 그리고 지인과 가족들의 자금을 지원받아 창업을 했기 때문에 주변 사람들에 민폐를 끼치고 자신을 경제적인 불구가 되어 다시 재기하기 어려운 현실에 처하게 된다. 이것은 경험 없는 창업으로 남들에게 보여주기 위한 창업을 했기 때문이다. 우리는 뭔가 남들보다는 다르게 생각하고 다르게 창업하는 차별화된 마인드를 가져야 할 것이다.

저자가 이번 챕터에서 설명하고자 하는 바는 '시스템을 이용하기보다는 시스템을 제공하라'는 것이다. 일반적으로 우리는 옥션, G마켓, 인터파크, 11번가, 네이버스토어팜, 쿠팡, 티몬, 위메프, 크몽 등

나열한 플랫폼 기업들을 소비자나 판매자가 되어 이용만 했지, 그런 시스템을 구축하고 운영하는 것은 꿈에서도 상상하지 못했을 것이다. 세상은 많이 변하고 있다. 기존에 사람들이 하고 있는 사업들에서 허우적거리다 보면 경쟁이 너무 치열하여 예정된 실패를 맞이해야 하고, 잘되어도 그저 먹고살 정도만 유지할 뿐이며, 육체는 피폐해져 돈과 시간을 바꾸는 인생을 맞이할 것이다.

물론 플랫폼 스타트업이 무조건 성공한다는 보장은 없다. 그러나 점포창업과는 확연하게 다르다. 우선 많은 사업자금이 필요없으며, 실패를 한다고 해도 그 충격은 점포 창업과는 비교할 수 없을 정도로 미약하다. 만일 우수한 아이디어로 스타트업을 하여 성공한다면 또한 점포 창업과는 비교할 수 없을 정도로 큰 성과를 안겨 줄 것이다. 일단 플랫폼 스타트업의 한 가지 장점은 점포 창업과는 다르게 영업의 대상이 지역적인 한계가 없다는 것이다. 작게는 대한민국 전체, 크게는 전 세계를 상대로 하는 마케팅의 대상이 되기 때문이다.

그야말로 최소의 투자로 최대의 효과를 얻는 사업인 것이다.


## 2. 서로에게 이익을 주는 판을 벌려라

플랫폼의 기본구도는 시스템제공자, 공급자, 수요자다. 제 3자가 원활한 역할을 해야 플랫폼으로서의 역할이 제대로 수행될 것이다. 제 3자가 서로에게 이익을 제공할 수 있도록 판을 짜야 할 것이다. 시스템제공자는 공급자와 수요자 사이에서 객관적이고 합리적인 운영 시스템을 제공해야 공급자와 수요자가 시스템에서 빠져 나가지 않고 시스템제공자에게도 이익이 돌아간다.

현재 네이버 '스토어팜'은 과거 '샵앤(Shop N)'이라고 운영할 때는 기존의 오픈마켓(옥션, G마켓)처럼 비슷한 수수료 체계(8~15%)를 갖고 운영했었다. 어느 날 네이버가 샵앤 운영을 중지하고 잠시 쉬었다가 스토어팜이라는 오픈마켓으로 탈바꿈하여 나오면서 수수료체계를 4%대로 낮춰 운영되기 시작했다. 또한 스토어팜을 개인 쇼핑몰처럼 운영할 수 있도록 공급자의 입장을 충분히 수용하는 등 차별화를 두어 네이버 스토어팜의 매출을 향상시켰다. 이런 사례에서 볼 수 있듯이 플랫폼이 공급자와 수요자 등에게 횡포가 아닌 배려를 함으로써 플랫폼 자체도 더욱 활성화할 수 있는 계기를 마련할 수 있는 것이다. 이렇게 되면 공급자 입장에서도 동일 제품을 다른 오픈마켓보다 더 저렴하게 제품을 등록하여 판매할 수 있고, 수요자는 더욱 저렴해진 동일 제품을 스토어팜에서 구매할 수 있는 것이다.

공급자 또한 횡포를 부릴 수 있는데, 이는 신의성실원칙에 입각해서 제품을 등록하고 판매하여 수요자에게 이익을 주어야 한다. 양질의 제품을 좋은 가격으로 제시하고, 배송, A/S 등 사후관리를 철저하게 하여 수요자가 불만이 없도록 진행해야 한다. 아무리 좋은 조건의 시스템이 있더라도 저렴하지도 않고 저질의 상품을 공급하면서 배송시스템이나 A/S서비스도 불량하게 처리한다면 수요자는 다음부터는 이용하지 않을 수 있다.

수요자 또한 탐욕적이고 독선적이어서 전체의 이익을 생각하지 않고 자신만의 이익을 위해 행동한다면 시스템제공자는 이를 적절히 걸러내어 양질의 수요자를 유지관리해야 할 것이다.

서로 이익을 볼 수 있는 플랫폼을 형성하여 서로에게 이익이 될 수 있도록 판을 벌려야 한다.

## 3. 벤치마킹은 하되 '복사해서 붙여넣기'는 하지 마라

우리는 엄마 뱃속에서 태어날 때 3억분의 1이라는 엄청난 확률로 치열한 경쟁을 뚫고 태어난다. 그만큼 우리는 고귀하고 가치있는 사람들이기 때문에 나름 각자 대우를 받으며 살아가고 있다. 그런데 우리의 지나온 삶은 어떤가? 남들이 유치원에 가면 나도 가고, 남들이 학원에 가면 나도 가고, 남들이 대학을 가면 나도 대학을 가고 이렇게 자신의 개성과 특별함은 없이 그냥 남들한테 묻어가는 삶을 살아오지 않았는가. 즉, 영혼 없는 생활을 하지 않았나 한번쯤 생각해봐야 할 것이다. 자신의 개성과 특별함을 이용하여 진학할 전공과를 선택하지 않고, 주어진 여건(자신의 성적, 전망, 부모님 추천)에 맞춰 진학할 학교와 전공과를 선택한 사람들이 대부분일 것이다. 쉽게 얘기하면 학교 졸업 후 자신의 전공을 살려서 직업을 선택하는 사람이 얼마나 되는지 살펴보면 쉽게 이해가 갈 것이다.

사업도 마찬가지다. 남들이 뭐해서 돈 잘 번다고 하면 나도 똑같이 따라하는 'ctrl+c, ctrl+v식 창업'이 성공할까? 반드시 의문을 가져야 할 것이다. 몇 가지 사례를 들어보겠다.

### 사례 1)

어느 골목에 A(pc방)가 잘 되어 돈을 잘 번다는 소문을 들은 B씨 바로 그 앞에 pc방을 오픈한다. 과연 B씨는 A씨처럼 돈을 많이 벌까? 많이 번다해도 B씨는 A씨에게 민폐를 끼치는 것이다. 지역개발이 되어 그 동네에 유입된 사람들이 많아졌다면 몰라도 그렇지 않다면 한정된 고객을 동일한 업종인 A와 B가 나누어 먹는 형태가 되는 것이기 때문이다. 이런 모습이 이제 오늘 일어난 일이 아니고 오래전부터 여러 분야에서 진행되어 왔다.

## 사례 2)

온라인의 예를 들면, 우리나라는 오픈마켓이 5개나 있고 소셜커머스가 3개나 있다. 미국은 오픈마켓이라면 이베이, 아마존이 대표적이고 소셜이라고 해봐야 그루폰, 중국은 타오바오, 알리바바, 일본은 라쿠텐 정도이다. 미국, 중국, 일본 모두 우리나라보다 인구수가 월등하다. 그런데 우리나라는 오픈마켓이 5개나 있고 소셜커머스가 3개나 있다. 고민하고 살펴봐야 할 부분이다.

## 사례 3)

요즘 뜨고 있는 부동산중개 솔루션 직방, 다방, 한방은 전부 같은 개념의 서비스를 하는 어플리케이션이다. 또한 배달앱인 배달의민족, 요기요, 배달통이 있다. 오프라인 중복사업은 그래도 지역적 한계가 있어서 해당 지역만 벗어나면 괜찮은데, 온라인 중복사업은 지역적 한계가 없어서 경쟁업체와 매출경쟁을 해야하는 심각한 상황이 된다. 그리하여 우리나라 몇 개의 오픈마켓은 매출증가를 위해 소셜의 영역을 넘보고 '소셜딜'이라는 카테고리를 운영하고 있고, 소셜커머스 업체도 매출증가를 위해 오픈마켓 채널을 운영하고 있다.

사업을 해서 돈 잘 버는 사람들은 그들 나름대로 눈에 보이지 않는 피나는 노력을 한 결과의 산물이다. '그냥 겉보기에 잘 되는 것 같으니까 나도 그렇게 하면 되겠지'하는 근거 없는 자신감으로 시작하면

100% 실패한다. 절대로 세상엔 공짜가 없다. 자신의 피나는 노력 없이 얻어지는 것이 없다는 것이다.

어떤 사업이든 자신의 가치를 발견하고 그 가치를 제대로 실현할 수 있는 방법을 찾고, 실패에 대한 두려움을 극복하고, 열심히 노력하는 오너마인드, 기업가 정신을 구축하여 사업에 임해야 할 것이다.

사업에 관심이 있는 사람들을 만나보면 사업 아이디어나 아이템을 그냥 주길 원하고, 사업에 필요한 방법론까지 다 알려주길 바라는 사람들이 있다. 그저 차려놓은 밥상 앞에 숟가락만 들고 있는 사람을 볼 때면 정말 안타까울 따름이다. 그런 사람들은 제발 새로운 사업을 하지 않았으면 좋겠다. 기존에 하던 사람들한테 민폐가 되기 때문이다. 그냥 하던 일을 하는 것이 여러 사람을 돕는 길이다.

## 4. 폐쇄하지 말고 개방하라

코닥, 모토로라, 소니, 노키아 등 대기업이 몰락한 이유는 전통적인 기업경영 패러다임의 생명이 다했기 때문이다. 과거의 기업경영 패러다임은 독자적인 기술을 보유하고 독자적인 영업망을 구축하여 마케팅하며 폐쇄적으로 운영하며 기업을 키워왔다. 당시에는 그러한 방법이 통하는 시대였다. 반면에 애플, 구글, 알리바바, 페이스북, 아마존, 우버 등 대표적인 플랫폼 기업들은 빠르게 변하는 비즈니스 생태계의 소용돌이에 올라타면서 순식간에 세계최고의 기업으로 떠올랐다. 지금 가장 높은 가치를 인정받고 있는 이러한 기업들에게는 공통점이 있다.

이들은 모두 고객에게 돈을 벌게 해주고 있다. 검색엔진으로 시작한 구글은 애드센스(제휴광고)를 통해 블로거들이 수익을 내고 있으며, 유튜브를 인수하여 동영상 콘텐츠를 올리는 유튜버들이 수익을 낼 수 있는 플랫폼을 제공한다. 애플은 단순히 아이폰과 같은 상품을 판매만 하는 기업이 아니고 앱개발자 및 공급자들에게 수익을 제공한다.

페이스북과 같은 SNS기업들은 어떤가? 그들은 스스로 콘텐츠를 생산하지 않는다. 페이스북에 올라오는 콘텐츠와 정보들은 모두 대중들이 생산하고 자발적으로 유통시킨다. 에어비앤비나 우버 등 흔히 공유경제모델이라 부르는 회사들 역시 소비자들을 생산자로 세워 돈을 벌 수 있게 멍석을 깔아주는 벼룩시장이다. 애플은 앱스토어라는 일반인들도 돈을 벌 수 있는 콘텐츠 장터를 만든 것이 스마트폰 시장을 터뜨린 한 방이 되었다. 알리바바나 아마존은 자체적으로는 재고상품을 보유하지 않으면서 판매자와 구매자를 연결시켜 양쪽 모두 경제적 이익을 주어 상호 이득을 볼 수 있게 해주는 플랫폼이다.

이러한 판 위에서 적극적 유전자를 가진 소비자는 자신의 경제적 이익을 위해서 스스로 사업가가 되고 홍보맨이 된다. 결과적으로 네트워크 효과가 생겨서 이 기업들은 플랫폼으로 진화하게 되었다.

우리가 새로운 것을 보려면 과거의 성공방식으로부터 돌아서야 한다. 변화는 새로운 비즈니스 리더를 꿈꾸는 사람들에게는 도전의 기회가 된다. 지금까지는 꽉 짜인 가치사슬을 뚫고 들어간다는 것이 쉬운 일이 아니었다. 그러나 지금과 같이 기존의 가치사슬이 느슨해지고 해체의 조짐이 있는 혁명의 시대에서는 새로운 리더로 부상할 수 있는 기회를 발견할 수도 있다. 즉, 역전의 기회가 열려있는 것이다.\

## 5. 흥미롭고 유익한 콘텐츠를 제공하라

성공한 플랫폼이 되려면 가장 중요한 요소 중 하나가 공급자와 수요자를 만족시켜야 한다는 것이다. 공급자는 유익한 콘텐츠를 통해서 수익이 창출되어야 하고, 수요자는 지불한 대가에 상응하는 유익성이 있어야 한다. 또한 시스템제공자는 공급자가 유익한 콘텐츠를 수요자에게 제공할 수 있도록 분위기를 조성해야 하고, 수요자는 신의 성실 원칙에 입각하여 유익한 콘텐츠를 이용해야 할 것이다. 이러한 균형이 깨지면 언제든지 플랫폼은 쇠퇴의 길로 들어설 것이다.

사람들이 찾지 않는 플랫폼은 의미가 없고 의미가 없다면 사람들이 찾을 이유가 없다. 어떻게 하면 강력한 네트워크 효과를 끌어내 플랫폼으로 유도할 것인가가 플랫폼 전략의 핵심이 돼야하는 것이다.

그 전략 중 한 가지로 '흥미롭고 유익한 콘텐츠'를 빼놓을 수 없다. 콘텐츠 마케팅의 중요성을 의심하는 사람은 아무도 없다. 콘텐츠 마케팅을 얼마나 제대로 수행하느냐에 따라 여러분의 웹사이트나 블로그의 검색엔진최적화(SEO)의 성공여부가 결정되기 때문이다.

"기업 블로그를 운영하는 회사들은 블로그를 운영하지 않는 회사들보다 67%이상의 Sales Leads(가망고객)를 발굴한다."라는 말처럼 매일같이 유익하고 흥미로운 콘텐츠를 만들어낼 여력이 있는 회사가 경쟁력이 있는 세상이 된 것이다.

*"마지막까지 남는 마케팅은 콘텐츠 마케팅이다."*

*- 세스 고딘 (Seth Godin)*

콘텐츠 마케팅은 인터넷과 모바일의 출현으로 더욱 주목을 받게 되었다. 이전에는 일방적인 마케팅 방식을 취했지만 지금은 쌍방향으로 소통하며 고객은 정보를 직접 찾기 시작했고 기업들은 그에 맞추기 위해 고객이 원하는 혹은 그들에게 가치가 있는 콘텐츠를 제공하며 어필을 해야 한다. 이미 많은 미국 기업들은 콘텐츠 마케팅에 많은 예산을 들여 인포그래픽부터 비디오와 스토리를 대량으로 준비하며 기업 중 절반 이상이 2명 이상의 콘텐츠 전담 직원을 보유하고 있어서 독창적인 콘텐츠 개발에 힘을 쏟는다고 한다.

모든 마케터들은 몰입도가 강하고 독특하며 가치 있는 콘텐츠를 제작하기 위해 노력하고 더욱더 좋은 콘텐츠 개발을 위해 고민하고 있다. "콘텐츠 마케팅은 단순한 마케팅 캠페인이 아니고 장기적인 헌신이 필요한 마케팅이다."라는 말처럼 콘텐츠 마케팅은 짧은 시간 안에 효과를 볼 수 있는 마케팅은 아니다. 하지만 콘텐츠 마케팅은 매스미디어 마케팅의 부족함을 채워주는 중요한 마케팅이다. 둘 중 하나에만 집중할 필요 없이 비용과 시간의 여유가 있다면 매스미디어 마케팅과 콘텐츠 마케팅을 병행하는 것이 좋다. 장기적인 콘텐츠 마케팅은 아주 높은 효과를 일으킬 수 있음을 명심하시길 바란다.

# Chapter 3. 스타트업의 투자유치법

앞서 플랫폼의 사례에서 살펴보았듯이 플랫폼이 일정궤도에 오르면 투자유치, 인수합병, 매각 등이 필요한 시점이 올 것이다. 사업을 더 안정적으로 키우고 싶거나, 상당히 좋은 조건에 매각이나 인수합병의 제안도 들어올 수 있다. 창업자 입장에서 맞는 조건을 선택하면 그만 이기는 하지만 일반적으로는 투자유치를 많이 하므로 이 부분에 대해서 짚고 넘어가고자 한다.

투자유치의 기본개념은 돈을 받는 대신 무언가를 상대에게 제공해야 한다. 보통 바로 창업회사의 지분을 나눈다. 투자를 받으면 차입에 따른 위험도 없으며, 유명한 엔젤 또는 경험 많은 벤처캐피탈을 만나면 투자금액 이상으로 커다란 도움을 받을 수도 있는 좋은 점도 있다.

그러나 투자유치가 좋은 점만 있는 것은 아니다. 일단 투자를 유치하기 위해서는 장시간이 소요되며, 새로 들어온 주주가 이상한 사람이 들어와 경영에 사사건건 간섭하며, 경영권까지 위협을 하는 경우도 있기 때문이다. 일단 초기에 너무 많은 금액을 유치한다면 피 같은 내 지분을 투자자에게 더 많이 주어야 한다. 그래서 투자유치 시기는 회사가 어느 정도 올라가서 수익을 발생시키고 있을 때, 좀 더 높은 회사의 가치를 인정받아 적은 지분으로 많은 금액을 유치하는 것이 유리하다.

## ※ 투자유치 시 유의사항

1. 투자자인 엔젤투자자나 엑셀러레이터는 자신들이 과거에 투자한 경험이나 이력에 맞는 스타트업을 선호한다. 예를 들면 지식창업 쪽에 투자를 했던 투자기관이 기계제조 분야에서 접근하면 투자유치 가능성이 떨어진다는 것이다. 즉, 관련분야인 지식창업분야에 가능성이 많다는 것이다.

2. 최저의 비용으로 사업모델의 구현이 가능하다는 것을 보여줘야 한다. 실패를 하더라도 자금여력을 갖고 유지하고 있어야 한다. 그래야 Series A 투자가 가능하다는 것을 보여줄 수 있다.

3. 최소한의 사업모델 구현이 될 수 있는 시점을 제시해야 한다.

4. 엔젤 투자자 중에는 악의를 갖고 있는 사람들이 있을 수 있으므로 반드시 검증을 거쳐야 한다. 이들은 우선주나 전환사채 투자를 한다던가, 연대보증을 요구하는 등 추가 투자에 대한 옵션을 건다.

5. 엑셀러레이터를 고를 때는 그들의 교육 프로그램과 투자유치설명회 등을 꼼꼼히 살펴봐야 한다.

6. 투자유치가 맘에 들지 않다면 각종 창업경진대회 상금도 노려볼 만하다. 요즘 상금규모가 많이 커져서 투자유치를 대체할 수 있는 수준이다.

이상 투자유치 시 유의사항을 살펴보았다. 투자계약서를 유의 깊게 살펴보고 신중하게 결정해야 한다. 창업한 회사가 어느 정도 성장하고 매출도 발생하면 한 단계 더 도약하기 위해 자금을 유치하게 되는데, 이것이 바로 벤처캐피탈(VC)이라는 기관으로부터 받는 투자 단계다.

첫 투자유치를 시리즈 A(Series A)라고 하고 2차, 3차 까지 가면서 시리즈 B, 시리즈 C 등의 단계로 차츰 진행된다. 이때부터는 벤처캐피탈이 외부자금을 유치하여 투자하기 때문에 '기관투자자금'이라 부른다.

벤처캐피탈은 사업성, 수익성, 성장성 등을 주로 보기 때문에 이 부분에 초점을 맞춰서 어필해야 한다. 현재 진행하고 있는 사업이 어떤 규모의 사업이며, 시장규모는 어떻게 형성되어 있으며, 언제 손익분기점에 도달할 수 있는지, 또한 투자된 자금회수는 언제쯤 가능한지, 객관적이고 타당성 있는 제안을 해야 할 것이다.

만일 벤처캐피탈을 선택할 수 있는 회사 내의 팀이 있거나 매력적인 비즈니스모델을 추진 중이거나 하면, 지속적으로 투자를 해줄 수 있는 벤처캐피탈을 선택하는 것이 유리하다. 투자유치의 초기단계인 Series A 단계에서는 대략 3억에서 10억 원 정도를 유치하는 것이 적당하다. 요즘엔 초기 기업에 전문적으로 투자하는 펀드와 벤처캐피탈들이 많이 생겼는데 본앤젤스, K큐브, 캡스톤 등이 대표적이다. 이런 초기기업을 대상으로 전문적으로 투자하는 펀드와 벤처캐피탈들은 적극적으로 투자하기 때문에 스타트업 입장에선 환영할 만하고, 또한 엔젤이나 엑셀러레이팅 단계를 생략할 수도 있다. 그리고 다음, 올라

웍스 등 전문 앤젤투자자들은 스타트업을 거액에 매각하고 초기기업 전문 벤처캐피탈의 투자대상을 넘보기도 하는데 이 역시 스타트업 입장에서는 나쁠 것이 없다. 그만큼 해당 스타트업에 매력을 느끼고 있기 때문에 투자를 하는 것이다.

투자유치 시 필수적으로 해야 하는 절차 중 하나는 바로 사업발표이다. 사업 발표할 때 첫 번째로 강조할 부분은 해당 스타트업의 구성원들이 뛰어난 인재들로 구성되어 있다는 것이다. 둘째로 시장의 무한한 잠재력을 대상으로 하는 비즈니스라는 것을 어필해야 한다. 즉, 우수한 인재들이 모여서 무한한 잠재력을 갖고 있는 시장을 상대로 매력있는 비즈니스 모델로 접근한다는 것이다. 예를 들면, 인터넷이 활성화되는 시점에 옥션, G마켓 등 거대 비즈니스를 하고 스마트폰이 활성화 되는 시점에 카카오톡을 운영한다는 것이다.

투자유치의 사업발표는 대략 5분정도이다. 이 시간 내에 투자 결정이 난다. 몇날 며칠을 고민하고 준비하여 발표하기에는 너무나 짧은 시간이다. 그래서 상당수 투자자들은 스타트업의 구성원, 즉 사람을 보고 결정한다. 그들의 학교생활, 직장생활, 인간관계, 그동안 해온 일들 속에 그들의 특성과 능력을 파악할 수 있는 지표가 담겨져 있다. 그래서 사업아이템이 좋은데 왜 투자가 안 되는지 불평할 수 있는데, 이는 과거 자신의 모습을 돌이켜 볼 필요가 있는 것이다. 추가로 투자자들은 많은 투자경험을 기반으로 하여 창업자, 예비창업자의 마인드를 중점적으로 짧은 시간에 살펴본다. 마인드란 회사를 운영하는 자세다. 즉, 어떤 어려움이 있어도 사업을 성공적으로 이끌겠다는 확고한 의지, 기업가 정신, 긍정적인 마인드, 끊임없는 열성 등 이 부분에 많은 초점을 둔다. 왜냐하면 투자는 어떤 이익을 창출하고자 하는 것인데 사업가의 정신, 의지, 열정이 부족하면 그만큼 성공확률이 적겠다는 판단이 들기 때문이다. 하여 초기창업자나 예비창업자들은 투자자들 앞에서 너무 기죽을 필요는 없다. 당당하게 사업발표를 하고 당신들이 아니어도 얼마든지 사업을 성공적으로 이끌 수 있다는 것을 표명해라. 그러다 보면 당신의 잠재력을 알아보고 흔쾌히 투자하겠다고 하는 투자자들을 선별하면 되는 것이다. '이렇게 좋은 사업이 있는데, 당신들이 투자를 안 하면 후회할 걸?' 하는 자신감이 필요한 시점이다.

## ※ 스타트업 투자유치에 유용한 사이트

### 1. www.thevc.kr - 스타트업 투자 데이터베이스

'TheVC'는 투자자, 펀드, 스타트업, 투자데이터, 벤처캐피탈의 투자집행순위, 스타트업들의 투자유치 랭킹 등 유용한 데이터들을 무료로 볼 수 있는 곳이다. 이곳에서는 내가 진행하는 스타트업과 관련된 부분에 집행되는 펀드와 비슷한 산업군에 속한 스타트업에게 주로 투자하는 벤처캐피탈들을 한곳에서 살펴볼 수 있다.

### 2. www.diva.kvca.or.kr - 중소기업창업투자회사전자공시

중소벤처기업부에 등록된 창업투자회사의 투자활동과 관련된 정보를 제공하여 창업투자회사의 책임있는 경영체제 확립과 대외신뢰성을 제고하는 창업투자회사의 공시시스템이다. DIVA는 창업투자회사가 매월 중소벤처기업부에 보고하는 업무운용 상황보고 및 매년 제출하는 감사보고서를 분석 집계한 자료를 토대로 공시하며, 개별창업투자회사뿐만 아니라 벤처캐피탈 업계의 현황을 공시하고 있다. 투자에 필요한 유용한 정보제공을 통해 투자자를 보호하고 벤처캐피탈 시장으로 자금유입 활성화를 도모한다. 각 벤처캐피탈들이 공시한 정보를 통해 주소, 전화번호 등을 확인할 수 있으며, 항목별 공시를 통해서는 벤처캐피탈들의 투자실적, 인력 현황, 법규 위반 현황 등을 살펴볼 수 있다. 각 공시를 통해 벤처캐피탈들의 상황을 알 수 있다는 것이 DIVA의 가장 큰 장점이지만, 또 다른 장점은 DIVA를 통해 투자 사기를 예방할 수 있다는 것이다. 투자유치를 위한 벤처캐피탈(VC)와의 만남 이

전과 이후 DIVA에서 찾을 수 없다면, 의심해봐야 한다.

### 3. www.kvca.or.kr - 한국벤처캐피탈협회(KVCA)

VC들의 업무지원을 주목적으로 하는 KVCA(한국벤처캐피탈협회)는 VC들 뿐만 아니라, 투자유치를 희망하는 스타트업들에게도 유용하다. KVCA에서 스타트업들이 유용하게 이용할 수 있는 메뉴는 '정보마당'인데 해당 메뉴를 통해 매월 발간되는 Venture Capital 마켓 Brief를 통해 투자동향을 파악할 수 있다. 또한 회원사 정보를 통해 벤처캐피탈들을 한눈에 볼 수도 있다.

### 4. www.kban.or.kr - 엔젤투자지원센터

엔젤투자자들과 스타트업들을 연결시켜주는 것을 주목적으로 운영되고 있다. 스타트업은 투자매칭 신청 등 엔젤투자자로부터 투자유치를 희망할 경우 엔젤투자지원센터를 통해 직접적인 액션을 취할 수도 있다. 엔젤투자지원센터가 투자유치를 희망하는 스타트업들에게 유용한 또 다른 이유는 전문엔젤투자자현황을 보여준다는 것이다. 비록 이름, 나이 정도밖에 알 수 없지만, 전문엔젤투자자현황을 확인하고 투자유치를 진행하는 것은 전문엔젤투자자 사칭 사기를 예방할 수 있는 방법 중에 하나이다.

## ※ 크라우드펀딩

### 1. 개요

소셜 네트워크 서비스를 이용해 소규모 후원을 받거나 투자 등의 목적으로 인터넷과 같은 플랫폼을 통해 다수의 개인들로부터 자금을 모으는 행위이다. '소셜 펀딩'이라고도 하나, 정확한 용어는 아니다.

주로 자선활동, 이벤트 개최, 상품 개발 등을 목적으로 자금을 모집한다. 투자방식 및 목적에 따라 지분투자, 대출, 보상, 후원 등으로 분류할 수 있다.

**지분투자형** : 신생기업 및 소자본 창업자를 대상으로 엔젤투자 형식으로 자금을 지원하는 유형으로 투자금액에 비례한 지분 취득, 수익창출이 목적이다.

**대출형** : 인터넷 소액대출을 통해 자금이 필요한 개인 및 개인사업자에 자금을 지원하는 유형으로 대출에 대한 이자수취가 목적이다. 온라인 마이크로크레딧, P2P금융 등이 이에 해당한다.

**후원형** : 다수의 후원자들이 펀딩자가 추진하는 프로젝트에 자금을 지원하고 금전적 보상 이외의 형태로 일정 부문 보상받는 유형이다. 공연, 음악, 영화, 교육, 환경 등의 분야에서 주로 활용된다.

**기부형** : 후원 형식의 소셜 펀딩과 유사하지만 후원자들에 대한 보상을 조건으로 하지 않고 순수 기부의 목적으로 지원하는 유형이다.

### 2. 현황

크라우드소싱(Crowdsourcing)에 따르면, 2011년 기준 전 세계적으로 약 119만 건의 펀딩 프로젝트가 있었으며, 대부분이 영국을 중심으로 한 유럽과 미국에서 진행되었다. 국내의 경우 2011년부터 본격적으로 성장하기 시작했다. 2016년 1월부터 투자형 크라우드펀딩도 시작되었다. 국내 크라우드펀딩 산업의 초반에는 후원 및 기부 형식의 업체들이 많았으나, 최근 투자형 & 리워드형 크라우드펀딩이 영화투자, 제품 펀딩 등 다각도로 활성화되고 있다.

한국에서는 2012년 박근혜 정부가 들어서면서 기존의 추격형 경제전략의 한계를 극복하고자 창조경제를 첫 번째 국정 목표로 추진하기 시작하였으며, '벤처/창업 생태계 선순환 방안(2013.05.15)'의 일환으로 크라우드펀딩 제도화가 포함되었다. 이후 2016년 1월 24일부터 투자형 크라우드펀딩이 시작되었다. 당시 금융위원회는 24일 와디즈, 유캔스타트, 오픈트레이드, 인크, 신화웰스펀딩 5개 중개업체가 온라인소액투자중개업체로 등록 절차를 마쳐 25일 오전 9시부터 펀딩청약업무가 허용된다고 밝혔다.

최초의 크라우드펀딩은 개인대출형 서비스인 2005년 영국의 조파닷컴(www.zopa.com)이며, 당시는 P2P펀딩, 소셜펀딩 등의 용어로 불리다가, 2008년 미국에서 최초의 후원형 플랫폼인 '인디고고'가 출범하면서 크라우드펀딩이라는 용어가 일반화되었다. 한국에서는 2007년에 P2P금융이라는 명칭으로 '머니옥션'이 최초로 론칭하였다. 이후 리워드형 크라우드펀딩으로 텀블벅, 와디즈, 스토리펀딩 등이 이어졌다. 투자형 크라우드펀딩은 위에서 언급한 바와 같이 2016년 1월 25일부터 시작되었고, 와디즈에서 마린테크노(주)가 국내 1호 투자형 크라우드펀딩에 성공했다. 2007년 출범한 미국의 대출형 모델인 랜딩클럽(Lengindclub.com)이 2013년 4월 기준 누적 성사액 16억불로 최대 규모이며, 후원형에서는 미국의 킥스타터가 2013년 한 해 총 3백만 명이 참여하여 4억8천만 달러 규모의 프로젝트를 성사시켰다. 지분투자형은 2007년 영국의 Crowdcube.com이 최초로 서비스를 시작하였으며, 미국의 Jobs법 제정 이후 지분투자형이 가장 빠른 성장세를 보이고 있다.

2011년까지 대한민국의 국내 크라우드펀딩 시장규모는 2007년부터 총 840여억 원이며, 2012년 총 펀딩 규모는 약 528억 원으로 추산된다. 2012년 펀딩규모가 비약적으로 상승한 이유는 총선 및 대통령 선거로 각 후보캠프에서 크라우드펀딩을 통해 선거비용을 모집한 것이 핵심적이 이유이며, 약 454억 원 정도가 대통령선거 관련 펀딩액으로 추산된다. 선거자금을 제외한 2012년 크라우드펀딩 금액은 74억 원 규모로 이 중 대출형이 62%, 지분투자형이 31%를 차지하고 있다.

## 3. 사례

**킥스타터의 'Pebble'** - 스마트폰인 아이폰과 연동하는 손목시계인 'Pebble'을 개발하기 위한 자금을 킥스타터(KickStarter)라는 웹사이트를 통해 모았는데 사용자로부터 1,000만 달러를 모아서 화제가 되었다. 당초 10만 달러가 목표였지만, 불과 2시간 만에 목표치를 크게 넘는 자금을 모았다.

**텀블벅의 '던전월드 국문판, 나와라'** – 대한민국의 크라우드펀딩 사이트인 텀블벅에서는 '던전월드' 영문판을 번역프로젝트로 올렸는데, 당초 목표금액인 300만원의 2,000%에 육박하는 5,800만원을 모아 화제가 되었다.

**영화 '26년'** – 자체적으로 홈페이지를 개설하여 크라우드펀딩을 이용해 제작비 7억 원을 모아 영화를 완성시켰다.

**스마트폰 '우분투 엣지'** – 제품을 출시하기 위해, 인디고에서 3,200만 달러를 모으고 있다. 이 크라우드펀딩이 성공할 경우 한정판으로 4000대만 생산될 것이라고 한다.

**음식점 '영철버거'** – 경영이 어려워져 본점 폐점 결정으로 고려대학교 학생들이 영철버거 살리기 운동을 벌여 5천만 원을 모았다.

**의류업체 '샤플'** – 와디즈에서 가방, 캐리어로 15억 펀딩 달성에 성공했다. 리워드형 크라우드펀딩 국내 최고금액 기록수립.

**영화 '노무현입니다'** – 이창재 감독의 다큐멘터리 영화 '노무현입니다'가 와디즈에서 역대 최단 시간인 26분 만에 목표금액 100%를 달성하며 펀딩에 성공.

# 4부

---

## 스타트업 정부창업지원제도

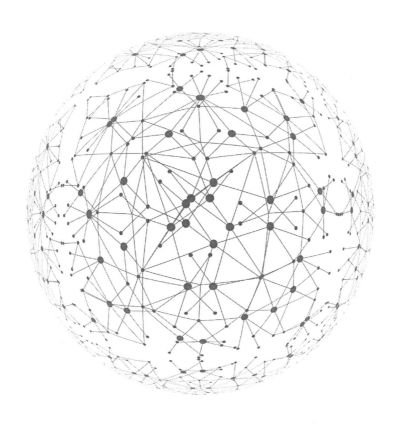

매년 초에 정부지원사업 공고가 나온다. 이런 지원사업은 연초에 신청하는 것이 유리한데, 그 이유는 각 사업 예산이 시작되는 시점이기에 그만큼 기회가 많이 주어지기 때문이다. 중소기업진흥공단과 소상공인진흥공단은 보통 3~4월이면 예산이 전부 소진된다. 그러면 다음해를 기약해야 한다. 물론 기술보증기금이나, 다른 기관들은 연중무휴로 진행하는 기관도 있다. 이런 정부사업에 지원하기 위해서 갖추어야할 기본적인 사항들 외에 잘 알려지지 않은 생생한 노하우들이 있는데 참고하면 좋을 것 같아 공개한다.

① 지원자가 해당 사업을 '왜 해야 하는지'에 대한 설명이 필요하다 (why). 즉, 기존에 있는 어떤 문제점이나, 개선의 요구, 니즈 그러한 것들을 해결하기 위해서 사업을 하게 되었다는 것을 어필해야 한다.

② 앞에 설명한 타당성(why)에 공익성을 추가하면 가산점이 된다.

③ 정부자금 집행의 핵심은 제조업이나 수출업이다. 특별히 제조업 분야가 아니면 반드시 수출역량(글로벌전략)을 어필해야 한다. 지식창업(플랫폼 스타트업)도 글로벌화를 해야 유리하다.

④ 지적재산권인 특허 및 상표권, 메인비즈, 이노비즈 등 인증이 필요한 것은 최대한 준비하는 것이 좋다.

⑤ 4차 산업혁명에 속하는 사업도 가산점 대상이다. O2O 비즈니스, ICT, IOT 기타 등등

⑥ 사내 기업부설연구소 설립.

⑦ 정부기관에서 운영하는 창업교육을 받는 것도 가점이 된다.

⑧ 고객(사용자)을 타켓으로 하는 비즈니스모델.

①부터 ④번까지는 필수요소이다. 요즘은 정부창업지원제도를 이용하는 창업자들이 많이 있고, 그러다보니 지원자들이 서로 차별화하려고 위와 같이 준비를 하고 지원을 한다. 그만큼 경쟁이 치열해졌다고 할 수 있다. 하지만 위에 설명한 노하우 등 핵심을 잘 파악하고 준비하면 얼마든지 혜택을 받을 수 있다.

정부자금은 두 가지로 구분되는데, 대출(저리융자)과 지원금(출연금)이 있다.

① 초기창업인 경우는 지원금(갚지 않아도 되는 자금)을 이용하는 것이 좋다. 나중에 기업의 생산성이 향상되어 본격적으로 자금이 필요할 때 대출(저리융자)을 이용하는 것이 순서이다.

② 지원자의 사업마인드 및 사업역량이 절실하게 중요한데, 그 이유는 심사하는 분들이 지원자의 사업내용(사업계획서)도 보지만, 경쟁자들도 사업계획서는 잘 작성해서 오기 때문에 다른 요소, 즉 해당 지원사업에 대한 지원자만의 당위성, 절실함, 적극성, 자신감, 보유역량 등을 심사위원들에게 강력하게 어필해야 한다.

# 창업·벤처기업의 강력한 후원자가 되겠습니다.

예비창업자와 창업 기업의 성공을 돕기 위한 『2018년도 창업지원 사업 계획』을 다음과 같이 공고하오니 많은 참여 바랍니다.

2018년 1월 3일
중소벤처기업부

< 2018년 창업지원 사업 현황 >

| 사업명 | 모집구분 | | 예산 (억원) | 소관 부처 |
|---|---|---|---|---|
| | 지원대상 | 주관(수행)기관 | | |
| **사업화** | | | | |
| · 창업도약패키지 | 창업 후 3년 이상 7년 이내 기업 | 창업진흥원 | 500 | 중기부 |
| · 선도벤처연계 기술창업 | 2인 이상의 (예비)창업팀 또는 창업 후 3년 이내 기업 | 창업진흥원 등 | 76 | 중기부 |
| · 민관공동 창업자 발굴 육성(TIPS) | TIPS 창업팀 중 창업 후 7년 이내 기업 | 창업진흥원 | 284 | 중기부 |
| · 상생서포터즈 사내 창업 프로그램 | 사내벤처팀 | 대중소기업농어업 협력재단 | 100 | 중기부 |
| · 스마트벤처캠퍼스 | 만 39세 이하 창업 후 3년 이내 기업 | 대학 등 전문기관 | 124 | 중기부 |
| · 세대융합 창업캠퍼스 | 청년(39세 이하)과 중·장년 (40세 이상)간 팀을 구성한 창업 후 3년 이내 기업 | 대학 등 전문기관 | 127.8 | 중기부 |
| · 창업선도대학 육성 | 창업 후 3년 이내 기업 | 창업선도대학 | 895 | 중기부 |
| · 창업성공패키지 (청년창업사관학교) | 만 39세 이하 창업 후 3년 이내 기업 | 중소기업진흥공단 | 540 | 중기부 |
| · 여성벤처창업 케어 프로그램 | 창업 후 7년 이내 여성벤처기업 | (사)한국여성벤처 협회 | 6 | 중기부 |
| · 장애인기업 시제품 제작지원 | 장애인 예비창업자 및 창업 7년 미만의 장애인기업 | (재)장애인기업종 합지원센터 | 5.6 | 중기부 |
| · 장애인 창업 사업화 지원(신규) | 장애인 예비창업자 및 업종전환 희망자 | (재)장애인기업종 합지원센터 | 12 | 중기부 |
| · 재도전 성공패키지 | 예비재창업자 및 재창업 후 3년 이내 기업 | 창업진흥원 | 150 | 중기부 |
| · 글로벌엑셀러레이팅 활성화 | (글로벌진출지원) 창업 후 5년 이내 기업 | 창업진흥원 | 39 | 중기부 |
| | (외국인창업) 학사학위 이상 취득한 ①외국인, ②재외동포, ③귀환 유학생 중 창업 후 3년 이내 기업 | 정보통신산업진흥원 | 33 | |

| 사업명 | 모집구분 | | 예산 (억원) | 소관 부처 |
|---|---|---|---|---|
| | 지원대상 | 주관(수행)기관 | | |
| · 대학원특화형 창업 선도대학 육성 | 대학(원)생 및 교원 | 한국연구재단 | 8 | 교육부 |
| · 과기형 창업선도대학 육성 | 대학(원)생 및 교원 | 한국연구재단 | 16 | 과기부 |
| · K-Global ICT 재도전 패키지 지원 | 재창업 후 7년 이내 기업 | 정보통신산업진흥원 | 32 | 과기부 |
| · K-Global Startup 공모전 | ICT분야 창업기업 | 정보통신산업진흥원 | 10 | 과기부 |
| · K-Global 액셀러레이터 육성 | 엑셀러레이팅 프로그램을 지원하는 국내법인 및 ICT유망 창업기업 | 정보통신산업진흥원 | 18 | 과기부 |
| · K-Global 클라우드기반 SW개발환경지원 | 창업 후 3년 이내 기업 | 정보통신산업진흥원 | 10.9 | 과기부 |
| · 사회적기업가 육성 사업 | 창업 후 1년 이내 기업 | 한국사회적기업 진흥원 | 182 | 고용부 |
| · 창업발전소 콘텐츠 스타트업 리그 공모·사업화 | 창업 후 1년 이내 기업 | 한국콘텐츠진흥원 | 14 | 문체부 |
| · 관광벤처사업 발굴 및 지원 | 예비창업자 및 창업 3년 이내 기업, 창업 3년 이상 중소기업 | 한국관광공사 | 21 | 문체부 |
| · 농산업체 판로지원 | 농식품 분야 창업 후 7년 이내 기업 | 농업기술실용화재단 | 9.6 | 농식품부 |
| R&D | | | | |
| · 창업성장기술개발 | 창업 후 7년 이내 기업 | 중소기업 | 2,727 | 중기부 |
| · 재도전 기술개발 | 재창업 후 7년 이내 기업 | 중소기업기술정보 진흥원 | 38 | 중기부 |
| · 농식품 벤처창업 바우처 사업(R&D) | 창업 및 벤처 최초 인증 5년 이내 중소기업 | 농림식품기술기획 평가원 | 15 | 농식품부 |
| 창업교육 | | | | |
| · 청소년 비즈쿨 | 초·중·고등학생 등 청소년 | 초·중·고교 등 학교밖 청소년지원센터 | 76.7 | 중기부 |
| ·대학기업가센터 | 대학생, 교수 등 | 대학 | 19 | 중기부 |
| · 창업대학원 | 창업학 석사과정 희망자 | 창업대학원 | 7 | 중기부 |
| · 메이커 문화 확산 | 모든 국민 | 한국과학창의재단 | 87.2 | 중기부 |
| · 장애인 맞춤형 창업 교육 | 장애인 예비창업자 및 전업희망자 | (재)장애인기업 종합지원센터 | 9.7 | 중기부 |
| · 스마트창작터 | 창업 후 3년 이내 기업 | 대학 등 전문기관 | 90 | 중기부 |
| · 청년혁신가 인큐베이팅(교육) | 산입·사회가 직면한 문제를 해결할 의지가 있는 청년 | 한국과학창의재단 | 18 | 중기부 |
| · 희망사다리 장학금 (창업유형) | 대학생 | 한국장학재단 | 286 | 교육부 |

| 사업명 | 모집구분 | | 예산 (억원) | 소관 부처 |
|---|---|---|---|---|
| | 지원대상 | 주관(수행)기관 | | |
| · 대한민국 창업리그 | 예비창업자 및 창업 후 3년 이내 기업 | 창업진흥원 | 14 | 중기부 |
| · 장애인 창업아이템 경진대회 | 예비창업자 및 창업 후 3년 미만 장애인기업 | (재)장애인기업 종합지원센터 | 0.5 | 중기부 |
| · 여성창업경진대회 | 창업 후 2년 이내 여성기업 | (재)여성기업종합 지원센터 | 0.9 | 중기부 |
| · 2018 농식품 창업 콘테스트 | 농식품 분야 창업 5년 이내 (예비)창업자 | 농업기술실용화재단 | 12 | 농식품부 |
| · 대한민국 지식재산 대전 | 전 국민 | - | 11.1 | 특허청 |
| 총 계 | | | 7,796.3 | |

※ 사업별 모집 공고는 별도 시행 예정

무사히 정부지원사업 서면심사에 통과했다면, 이제는 대면심사를 준비해야 한다. 정부지원사업에서 대면심사의 경쟁률은 1.5:1에서 3:1 내외다. 경쟁률만 놓고 보면 쉽게 합격할 수 있겠다고 생각하겠지만, 결코 그렇지 않다. 그러니 철저하게 대면심사를 준비해야 최종합격 소식을 들을 수 있겠다.

보통 심사위원의 수는 3~5명에 대부분 40~50대 전문가로 구성된다. PT(사업발표)가 끝나면 질문을 받아야 하는데 심사위원들은 어떤 질문을 던질까? 창업자와 창업분야에 따라 다르지만 일반적인 질문의 예시를 살펴보자[23].

### 질문 1. "그래서 이 아이템은 뭐예요?"

심사위원으로부터 위의 질문을 들었다면 탈락했다고 생각하면 된다. PT 발표하는 시간 동안 아이템을 매력적으로 쉽게 어필하지 못했기 때문에 나오는 질문이다. 아이템이 뭐냐고 묻는 질문은 '그래서 그 아이템이 정말 고객들이 사용할 것 같냐?'라는 뜻도 내포되어 있다고 보면 된다.

### 질문 2. "고객들이 뭐라던가요?"

쉽게 말해, 시제품 만들어서 사람들에게 선보였는지를 물어보는 거다. 당신의 아이템을 보고, 과연 고객들은 어떤 반응을 보였는지를 묻는 질문인데, 이 질문을 받으면 대부분의 발표자는 '고객들이 굉장히

---

23) 삼훈비즈랩 자료참고

좋아했다'고 답변한다. 물론 이 질문도 역시 긍정적인 질문은 아니다.

### 질문 3. "BM이 뭐예요?"

결국 돈을 벌 수 있는 구조가 무엇인지를 묻는 질문인데, 심사에서 가장 핵심적인 질문이다. 스타트업은 개발이 아닌 비즈니스모델(BM)이 생명이다. 물론 스타트업에게 비즈니스모델은 가설이다. 하지만 그 가설을 어떻게 어떤 방법으로 검증할 것인지를 시뮬레이션 해야 한다. 때로는 기술로 승부하기보다 비즈니스모델로 승부하는 것을 추천한다.

예를 들어, 사이트를 구축하여 운영예정이라면 사이트 내에서 기본적으로 발생할 수 있는 수익을 얘기하면 된다. 어플을 개발한다면, 제발 광고로 수익 낼 거라고는 이야기하지 마라. 어차피 이용자가 늘어나면 광고는 당연히 수익모델 중의 하나가 될 테니까.

### 질문4. "앞으로 사업 어떻게 하고 싶으세요?"

매우 긍정적인 질문이다. '앞으로 사업을 어떻게 하고 싶냐'는 이야기는 지원금 활용계획과 현실적인 마케팅 전략에 대해 간단하게 이야기하고, 포부와 비전을 말하면 된다. 더불어 지금의 팀 구성에서 추가적으로 어떤 인력을 고용할 것인지도 이야기하면 좋다. 지속적으로 성장할 수 있다는 것을 보여줘라. 바로 합격이다.

### 질문5. "혼자 다 할 수 있겠어요?"

다소 부정적인 질문이다. 심사위원이 보기에도 큰 사이즈다. 개발, 마케팅, 경영, 디자인 등 스타트업은 정말 할 것이 많다. 대기업이야 시스템이 갖춰져 있고 그 시스템 안에서 굴러가지만 스타트업은 그렇지 않다. 그 부분을 묻는 거다. 이 사업아이템은 최소 어느 정도의 인력을 필요로 할 것 같은데, '당신 혼자 다 할 수 있겠어요?'라는 질문이다. 여기서 절대로 혼자 다 할 수 있다고 자만하면 안 된다. 그랬다가는 바로 탈락이다.

국내 경기가 좋지 않다는 이야기는 오래되었다. 저자가 20년 동안 사업을 할 때도 주변사람들은 매년 경기가 좋지 않다고 했으며, 좋다고 이야기한 사람들은 단 한 사람도 없었다. 잘 된다고 하면 남들이 배 아파할까봐 그렇게 얘기했을 수도 있고, 사업능력이 부족해서 자기합리화를 하기 위해 그럴 수도 있고, 진짜로 경기가 안 좋아서 그럴 수도 있다. 그러나 이때에도 잘 찾아보면 사업을 하여 돈을 잘 버는 사람들은 묵묵히 잘 벌었다. 경기가 좋지 않아 사업이 잘 안 된다고 하는 것도 나름 면피에 해당하는 이야기일 수 있다. 물론 경기가 좋다면 당연히 누구나 돈을 잘 벌수도 있지만, 결국 사업을 번창시키는 사람들은 시대의 흐름을 잘 파악하고 열심히 연구하고 노력하다보면 자동적으로 성공할 수밖에 없을 것이다.

지금의 경제흐름은 1, 2, 3차 산업혁명을 거쳐 4차 산업혁명시대로 가고 있다. 기존의 막강한 자본을 투자해서 제품을 생산하고 판매하는 전통적 기업구조에서 공유, 협력, 개방, 상생 등으로의 경제흐름이 바뀌어 가고 있는 것이다. 경제 산업의 선봉자에 설려면 한 부분에서 선구자적인 역할을 해야 할 것이기 때문에 우리 모두가 기존의 1, 2, 3차 산업을 전부 무시하고 4차 산업에만 몰입할 수는 없는 것이며, 그렇게 될 수도 없다. 1등 기업이 있으면 100등 기업이 있고 등외 기업도 무수히 많이 있다. 플랫폼 비즈니스는 경제 산업분야에서 선두기업에 속하기 위해서 선구자적인 역할을 할 경제적 리더들이 필요한 비즈니스모델인 것이다.

따라서 새롭게 사업을 시작하는 스타트업이나 기존사업의 돌파구를 찾기 위한 절실한 사람들에게 꼭 필요한 비즈니스이다. 그렇기 때문에 기본적으로 플랫폼 비즈니스 패러다임에서 요구하는 앞서 설명한 플랫폼을 하기 위한 사고방식과 성공전략이 필요한 것이다.

　사고방식이란 마음을 어떻게 갖느냐에 따라 성공할 수도 있고, 실패할 수도 있다는 것이다. 흔한 말로 "세상은 마음먹기 달렸다."고 한다. 19세기의 에스키모인은 얼음 위에서 옷을 입지 않고 잠을 잤는데 아무도 동상에 걸리지 않았다고 한다. 하지만 현대의 에스키모인은 그렇게 하면 전부 동상에 걸린다고 한다. 어느 인류문화학자가 원인을 찾았다. 서양 의학에서 에스키모인에게 그렇게 벌거벗고 자면 동상에 걸린다고 하는 말을 듣고 난 뒤부터였다고 한다. 마음이 몸을 지배한다는 것이다.

　대뇌학자들의 연구에 의하면 말은 뇌세포에 98% 정도의 영향을 미친다고 한다. 말이 씨가 된다는 속담이 과학적으로도 증명되는 셈이다. 언어의 힘, 말의 힘은 인간의 사고체계를 지배하고 인생이 바뀌게 할 수도 있다. 오프라 윈프리는 "가난이 나를 지배하도록 놔두지 않겠다."는 마인드로 자신의 인생을 바꾸었다. 세인트존스 대학교의 심리학 교수는 "난 베스트셀러 작가가 될 것이다"라고 말했고, 동료 교수들은 그의 말에 웃음을 터뜨렸지만 그의 저서는 지금까지 1,500만 부가 넘게 팔렸다. 세계적인 화장품 회사인 '메리케이'사의 창업자이자 전 회장 메리케이애시는 첫 직장이었던 가정용품 판매회사의 연례 세일즈 회의에서 사장에게 당당히 걸어가서 "내년에는 제가 판매여왕이 되겠어요."라고 말했고 실제로 1년 뒤 판매여왕이 되었다. 자신의 성공비결을 그대로 적용해 수십만 명의 판매사원들에 아침마다 "나는 건강하다. 나는 가장 기분이 좋다. 나는 최고의 세일즈맨이다."는 말을 크게 외치게 해서 직원과 회사가 서로 엄청난 성공을 거두게 한 이도 있다. 바로 시카고의 이안 그룹 회장 W. 클레멘트 스톤이다.

마음이 움직이면 몸도 따라온다. 공부도, 성공도, 부자가 되는 것도 모두 다 말이다. 목표가 있고 새로운 것을 시도하는 사람들이 사람들을 이끄는 리더가 되는 것이다. 즉 성공하는 사람이 되려면 자신이 앞장서서 가시밭길을 헤쳐 나가 개척해야 한다. 평생 남들을 따라가다 보면 절대로 리더가 될 수 없으며, 성공도 할 수 없는 것이다.

과거에는 가진 돈이 없으면 사업을 할 수 없는 환경이었다. 지금도 이렇게 생각하는 사람들이 더 많다. 그러나 현재의 국내 창업환경은 자신이 무언가를 하고자 하는 확고한 의지, 신념, 추진력만 있으면 돈이 없어도 충분히 창업을 할 수 있는 환경이 되었다. 이에 대한 내용은 앞서 전부 다루어진 내용들이다. 꿈이 있다면 한계는 존재하지 않는다. 성공의 반대 말은 실패가 아닌 포기이다. 포기하지 마라. 아직도 늦지 않았으니까. 실패하면 다시 일어서서 도전하면 되고, 언젠가는 그 꿈을 이루는 날이 반드시 온다. 당신의 가능성은 무한하다. 다른 사람을 따라하면서까지 살아갈 필요는 없다. 우리는 다른 누구의 인생을 사는 것이 아닌 바로 나의 인생을 사는 것이다. 나보다 잘난 사람이 있다면 부러움에서 끝내면 된다. 내 방식을 부러운 사람의 방식으로 바꾸려고 하지 마라.

스스로 노력하여 비즈니스 리더가 되어라. 당신의 고유한 존재의 가치를 부각시켜 성공하라. 부디 이 책을 덮고 자신의 사업마인드에 대한 고뇌를 통해 새로운 비즈니스 리더의 기회에 탑승하기를 바란다.

## ✻ 참고문헌

〈플랫폼, 경영을 바꾸다〉, 2014 삼성경제연구소
〈플랫폼 전략〉, 2011 도서출판 더숲
〈플랫폼의 시대〉, 2013 제이펍
〈플랫폼의 눈으로 세상을 보라〉, 2015 성안북스
〈플랫폼 혁명〉, 2017 부키
〈세상을 바꾼 비즈니스모델70〉, 2015 더난
〈101가지 비즈니스모델이야기〉, 2015 한스미디어
〈해외사례로 보는 모바일비즈니스 성공비결〉, 2010 KOTRA
〈플랫폼 비즈니스와 소셜 플랫폼〉, 2011 KT경영경제연구소
〈IT비즈니스플랫폼 발전방향 및 활용과제〉, 2012 KDB산업은행경제연구소
〈혁신의 요람, 아이디어 플랫폼〉, 2013 삼성경제연구소
〈2018 인구변화가 대한민국을 바꾼다〉, 2008 한스미디어
〈파이프라인 우화〉, 2016 나라
〈한계는 내 머릿속에만 있다〉, 2016 프롬북스
〈제로창업〉, 2015 이노다임북스
〈비즈니스모델을 훔쳐라〉, 2015 한빛비즈
〈부자아빠 가난한 아빠〉, 2000 황금가지
〈부의 추월차선〉, 2013 토트
〈1인창업이 답이다〉, 2015 갈라북스
〈one click〉, 2012 자음과모음
〈직업의 이동〉, 2015 한스미디어
https://en.wikipedia.org/
https://angel.co/
https://www.forbes.com
https://techcrunch.com
http://platum.kr/archives/17198
http://www.birdhand.co.kr/
http://www.mss.go.kr/site/smba/main.do
http://slownews.kr/65301
http://www.futurekorea.co.kr/news/articleView.html?idxno=43329
https://www.huffingtonpost.kr/2015/01/27/story_n_6551708.html
http://news.mk.co.kr/newsRead.php?no=887594&year=2016
http://www.linkedin.com
http://it.donga.com/25782/

https://beginmate.com/magazine/15
https://brunch.co.kr/@jmh5531/141
http://www.asaninst.org/contents/
https://www.bminnovation.org/
https://www.huffingtonpost.com/
http://www.etnews.com/20180408000073

# 플랫폼 스타트업

**초판 1쇄** 2018년 9월 14일

**지은이** | 김동진

**펴낸곳** | 한국전자도서출판
**발행인** | 고민정
**주 소** | 서울특별시 중구 을지로 14길 20, 5층 출판그룹 한국전자도서출판
**홈페이지** | www.koreaebooks.com
**이메일** | contact@koreaebooks.com
**전 화** | 1600-2591
**팩 스** | 0507-517-0001
**원고투고** | edit@koreaebooks.com
**출판등록** | 제2017-000047호
**ISBN** | 979-11-86799-26-0 (03320)